Psicologia Nera

I Segreti Della Psicoanalisi, Tecniche Di Persuasione E Manipolazione Per Analizzare E Influenzare Gli Altri

Alexander Höfler

"Psicologia Nera: I Segreti Della Psicoanalisi, Tecniche Di Persuasione E Manipolazione Per Analizzare E Influenzare Gli Altri"
Copyright © 2021 ALEXANDER HÖFLER - Tutti i diritti riservati
È vietata la riproduzione, anche parziale, dei contenuti di questo libro. Tutti i diritti sono riservati in tutti i Paesi, compresi i diritti di traduzione, di memorizzazione elettronica e di adattamento totale o parziale, con qualsiasi tecnologia.
La riproduzione di contenuti richiede esplicita autorizzazione scritta dell'Autore.

DISCLAIMER

Questo manuale ha lo scopo di fornire al lettore un quadro espositivo completo dell'argomento oggetto dello stesso, "Psicologia Nera: I Segreti Della Psicoanalisi, Tecniche Di Persuasione E Manipolazione Per Analizzare E Influenzare Gli Altri"
Le informazioni in esso contenute sono verificate secondo studi scientifici, tuttavia l'autore non è responsabile di come il lettore applichi le informazioni acquisite

"Rendi cosciente l'inconscio, altrimenti sarà l'inconscio a guidare la tua vita e tu lo chiamerai destino."

-Carl Gustav Jung

Indice

Introduzione *6*
Capitolo 1 .... *7*
Capitolo 2 .... *12*
Capitolo 3 .... *16*
Capitolo 4 .... *22*
Capitolo 5 .... *31*
Capitolo 6 .... *39*
Capitolo 7 .... *50*
Capitolo 8 .... *54*
Capitolo 9 .... *75*
Capitolo 10 .... *85*
Conclusione *95*

Introduzione

La psicologia nera o oscura, non è la parte negativa e magica della psicologia, non ha a che fare con riti magici, ma è una branca della psicologia che studia il cervello, inteso come pensiero e di come riesce a influenzare le persone.
Sembra strano a credersi, ma la psicologia è molto utilizzata dagli psicologi per tracciare e identificare i comportamenti mentali aggressivi.
La psicologia nera è molto utilizzata in criminologia per tracciare i profili dei criminali, per lo più i serial killer, e sociopatici.
La psicologia nera comprende tutte quelle pratiche mentali utilizzate per influenzare la mente di una persona, per lo più negativamente per riuscire a ottenere qualcosa.
La psicologia nera si basa sullo studio della mente e di come è in grado, attraverso una serie di tecniche, di manipolare un'altra persona a tal punto da annullarla.
Le tecniche che fanno parte della psicologia nera per poter ingannare la mente sono la manipolazione, la persuasione, l'ipnosi e il gasligthing.
Di solito queste tecniche sono utilizzate per ottenere qualcosa o raggiungere un obiettivo, per questo il più delle volte sono considerate delle tecniche negative.
Possono essere anche delle tecniche positive, per esempio, sono utilizzare anche a scopi commerciali per aumentare le vendite.
Manipolare qualcuno è un'arte, bisogna riuscire a capire le debolezze di una persona e far leva sulla loro emotività riuscire a sottomettere una persona.
E' importante conoscere queste tecniche, per riuscire a riconoscere un manipolatore e potersi difendere, dalle sue tecniche insidiose e subdole.
A volte conoscere le tecniche della psicologia nera per difendersi, può rivelarsi molto più utile rispetto a un'arma.

Capitolo 1
LA PSICOLOGIA UMANA

La psicologia è la materia che studia la mente, il suo funzionamento e il comportamento umano, e affonda le sue radici molto lontano, anche se è diventata una materia di studio e accademica solamente a fine ottocento.
Facciamo un piccolo excursus storico di dove questa materia nasce e come nel tempo sia diventata una materia fondamentale, per l'evoluzione umana.
Iniziamo dicendo che la parola psicologia, deriva dal "Psyché" che significa "anima" e dalla parola "logos" che significa "scienza".
Il primo studioso che iniziò degli studi in questo campo, formulando teorie che nel tempo divennero colonna portante, per la nascita di quella che è la psicologia moderna, è Aristotele e Platone.
Aristotele avesse avviato degli studi su quella che era l'anima umana, formulando come teoria che l'anima fosse strettamente connessa al corpo di ogni individuo e alle sue azioni, e poteva essere divisa in tre parti:
• una parte che stava a capo di azioni basilari e primarie come respirare, camminare, mangiare o riprodursi;
• una parte che stava a capo delle emozioni e le reazioni da esse scaturite;
• una parte che invece stava a capo dei processi razionali e logici della mente.
All'epoca però questi studi non potendo essere dimostrati in maniera scientifica, rimasero semplici teorie che non avevano alcun fondamento scientifico.
Anche se la psicologia ha origini molto antiche, per molto tempo non è stata una materia scientifica vera e propria, ma era considerata più una nozione filosofica e teologica, che riguardava lo studio dell'anima e dello spirito.
La psicologia, diventerà una vera e propria materia scientifica, verso la fine dell'ottocento, proprio quando perché passerà dall'essere considerata come un concetto astratto e filosofico, ma il fulcro in cui emozioni e pensieri connessi tra loro che influenzano il corpo umano, generando diversi tipi di comportamento, che utilizziamo soprattutto nell'interazione con altri individui.
Proprio sullo studio delle emozioni si occupò Darwin che attraverso i suoi studi, riuscì a distinguere quelle che erano emozioni primarie, e cioè presenti sia nella specie animale che in quella umana, come la rabbia, la paura, il dolore, che si esprimevano in entrambe le specie nel medesimo modo e nelle medesime azioni.
Mentre le emozioni secondarie, sono emozioni appartenenti solo all'uomo, che derivano dalle emozioni primarie e che anch'esse vengono espresse attraverso determinate azioni fisiche, visibili e riconoscibili.
Questo studio è stato essenziale per capire come le emozioni abbiano grande influenza sul nostro comportamento e come conoscerle e capirle, al fine di riuscire a gestirle al meglio, in maniera tale da poter vivere una vita migliore.
Oltre Darwin uno studioso che si distinse per i suoi studi, fu il tedesco il tedesco Wilhelm Wundt, che viene considerato il padre della psicologia.

I suoi esperimenti si basano, proprio come Darwin, sullo studio delle emozioni, sensazioni e sentimenti, con la differenza che furono testati scientificamente attraverso l'induzione di specifiche emozioni da parte dei medici ai loro pazienti, che dovevano poi minuziosamente descriverle attraverso il metodo dell'introspezione.
Grazie ai suoi studi, la psicologia non venne più considerata solo una nozione filosofica, ma una vera e propria disciplina scientifica, da essere approfondita con studi e ricerche, aprendo la strada a molti altri studiosi, che avrebbero ampliato la conoscenza in questo campo, come Sigmund Freud, ideatore della psicoanalisi.

Vedremo nei capitoli successivi come gli studi condotti da Freud abbiano contribuito a identificare come causa di alcuni malesseri e condizioni fisiche un'origine non fisiologica, ma dovuta a traumi o malesseri dello stato psichico dell'individuo, andando di conseguenza a rivoluzionare anche i metodi di cura per questa tipologia di malattie.

I FONDAMENTALI DELLA PSICOLOGIA

Come abbiamo precedentemente detto la psicologia può essere definita come la scienza che studia il comportamento umano, l'origine di tutti i pensieri e le emozioni, ti tutti i meccanismi mentali che lo generano, e che varia da individuo a individuo.
Durante gli anni sono stati molti gli studiosi che hanno investito le loro energie in questo campo, facendo anche scoperte di grande rilevanza, che a volte andavano in contrapposizione tra loro.
La psicologia è una scienza molto vasta, che ogni giorno viene approfondita da nuovi studi e scoperte, che contribuiscono a riconoscere e definire nuovi fattori che influenzano e generano determinati comportamenti.
Esistono diversi settori della psicologia, alcuni che studiano ad esempio come la società influenza il nostro comportamento, chiamata "Psicologia della Società", oppure quella in cui si studia come le esperienze di vita vissute da un bambino vadano a influire nella sua crescita e origini determinati comportamenti da adulto, chiamata "Psicologia dello Sviluppo".
Infine come ultimi due grandi rami della psicologia, abbiamo quella che si basa sugli studi di Darwin, e sulle caratteristiche genetiche che ogni individuo possiede alla nascita e che lo predispone a sviluppare determinati comportamenti, chiamata "Psicologia Evoluzionistica", e in ultimo abbiamo la "Psicologia Cognitiva" che è quella più vasta di tutte e che studia tutti i meccanismi mentali- cognitivi, come memoria, attenzione e apprendimento, e come attraverso questi meccanismi diano origine a determinati comportamenti e azioni.

Per effettuare un'analisi iniziale si analizzano tre elementi iniziali:
• il fattore biologico della persona, andando a ricercare caratteristiche fisiche o genetiche che lo predispongono per natura ad un dato comportamento;
• il fattore psicologico, quindi come la persona risponde alle emozioni, attraverso determinati processi cognitivi;
• il fattore socioculturale, che comprende tutti elementi socio-culturali presenti e con cui si rapporta la persona e che ne influenza i comportamenti.
Sulla base di questi tre fattori è possibile effettuare un'analisi psicologica iniziale che deve poi essere approfondita.
In questo caso si dividono due rami della psicologia, quella detta sperimentale, che si concentra sui tratti comuni come ad esempio, la percezione ad un stesso fattore esterno, o alcuni meccanismi di memoria o di attenzione.
L'altro ramo invece chiamato psicologia clinica, si sofferma su quelli che invece sono i tratti non comuni che ogni persona manifesta.
Nel prossimo paragrafo vedremo quella che è la struttura psicologica umana, e quali elementi la definiscono.

STRUTTURA DELLA PSICOLOGIA UMANA

La struttura della psicologia umana ha come elemento principale lo studio di quella che viene chiamata "personalità".

La personalità viene definita come l'insieme di tutte quelle caratteristiche non fisiche che ogni individuo possiede e per cui si distingue.

I due elementi che s'intersecano e danno vita alla personalità sono il temperamento e il carattere.

Il termine temperamento deriva dal latino e significa "umore", quindi tutte quelle caratteristiche emozionali che sono già innate in noi fin dalla nascita.

Il carattere invece rappresenta la personalità vera e propria dell'individuo che si forma nel tempo dall'interazione tra il temperamento e l'ambiente esterno, ma che può continuare a mutare nel momento in cui cambia l'ambiente esterno, anche nell'età adulta.

Lo studio della personalità è molto ampia e uno dei campi più complessi dell'intera psicologia, e ha come base l'utilizzo di metodologie sia appartenenti alla psicologia sperimentale che alla psicologia clinica, e in particolare utilizza la psicanalisi, il cognitivismo, la psicologia di Gestalt, e il comportamentismo.

Proprio studiando questi elementi si è potuto constatare come la personalità vada ad incidere, in ogni attività di interazione con l'ambiente esterno, dai rapporti sociali a quelli familiari e lavorativi.

Sono state definite quattro teorie per lo studio della personalità:

1. La teoria dei tratti stabili della personalità, in cui ogni individuo viene definito da caratteristiche precise che lo portano a rispondere e reagire agli eventi esterni in maniera unica e distintiva.

2. La teoria della struttura della personalità, che identifica in ogni individuo una struttura di base messa in evidenza dalla presenza contemporanea di più tratti connessi tra loro.

3. Le teorie dinamiche della personalità che identifica un fine per ogni comportamento assunto, molto spesso come reazione ad una necessità, ad esempio come quando abbiamo fame e mangiamo o cerchiamo cibo, a comportamenti assunti per raggiungere scopi più a lungo termine come ad esempio prendere la patente.

Attraverso queste teorie si cerca di capire le motivazioni e i meccanismi che ci guidano verso il raggiungimento di questi fini.

4. Le teorie di variabilità che tentano di spiegare la variabilità della personalità, in base alla variazione degli eventi che gli individui affrontano quotidianamente.

Una teoria che rivoluzionò lo studio della personalità fu quella psicanalitica formulata da Freud attraverso l'osservazione diretta di pazienti psichiatrici.

Iniziò infatti a osservare il comportamento anormale dei pazienti attraverso l'utilizzo dell'osservazione clinica, per cercare di riuscire a portare quei pazienti alla guarigione.

Sono essenzialmente due i concetti importanti su cui si basano i suoi studi e teorie, il primo sul determinismo psichico in cui ogni meccanismo che avviene nella nostra mente è dettato da un evento precedentemente vissuto e di cui non sempre abbiamo coscienza.
Tutti questi eventi traumatici, così come pulsioni e desideri repressi, che vengono rimossi, trovano rifugio nell'inconscio, quella parte irrazionale, dominata da istinti e senza tempo, della nostra mente.
Il fine che Freud voleva raggiungere era quello di far risalire gli eventi presenti nell'inconscio del paziente nella parte cosciente, per poterli affrontare e razionalizzare, accrescendo in questo modo anche il proprio Io.
Questo nuovo metodo di psicanalisi lascia libero il paziente di lasciar andare ed esprimere liberamente tutte le idee e i pensieri fino a lasciar emergere anche la parte inconscia.

Attraverso questa metodologia il paziente può prendere coscienza dei suoi desideri, traumi o conflitti che la sua mente aveva rimosso e risolverli avvalendosi proprio dell'aiuto dell'analista.
Andiamo nel prossimo capitolo ad approfondire proprio quella che è la struttura della nostra psiche e come essa viene suddivisa.

Capitolo 2
I TRE STRATI DELLA MENTE UMANA

La mente umana è il nucleo che gestisce ed elabora ogni nostro pensiero, azione e comportamento, ed è stata oggetto di studio già prima di Freud.
Già nell'antica Grecia la mente umana e i suoi misteriosi meccanismi, e filosofi come Platone e Aristotele, erano soliti discutere con i propri discepoli, ponendo molti interrogativi per cercare di capire il funzionamento della mente.
Il primo a studiare e formulare una teoria secondo il quale la nostra mente fosse divisa in due parti, fu Aristotele.
Secondo Aristotele la mente si divideva in due parti, una parte attiva e una parte passiva.
L'intelletto passivo definito così da Aristotele è quella parte umana, e innata che conosce le cose, attraverso l'esperienza diretta e involontaria, ad esempio attraverso i 5 sensi, mentre l'intelletto attivo è la conoscenza totale dell'universo che agendo attraverso la conoscenza passiva si tramuta in atti.
L'intelletto attivo viene visto come qualcosa di divino che esiste al li là di noi, mentre l'intelletto passivo che appartiene all'uomo non è niente 'altro che l'attitudine alla conoscenza.
Questi primi studi sono alla base di quelli formulati successivamente da altri filosofi e scienziati, fino a Freud.
È proprio Freud che con grande innovazione porta alla luce quella che è la struttura primaria della mente umana, attraverso due tipi di strutture.
Nella prima struttura Freud stabilisce che la mente umana sia divisa in tre parti, una arte conscia, ina parte pre-conscia e una parte inconscia.
Nella prima parte troviamo tutte le caratteristiche visibili di una persona, nella seconda parte invece troviamo ad esempio i ricordi che possono essere recuperati ma che sono inconsci, nella maggior parte dei casi.
Se uno ad esempio ci ponesse la domanda relativa ad un'azione fatta giorni prima, ci occorrerebbe del tempo per riuscire a recuperare quel ricordo che fino ad allora era rimasto inconscio dentro di noi, ma che in qualche minuto siamo riusciti a recuperare.
Infine la terza parte in cui si trovano tutti quei ricordi, i conflitti, i traumi, che vengono messi lì dalla mente quasi come meccanismo di autodifesa, e che possono essere recuperati solamente attraverso specifiche tecniche.
La seconda struttura che ipotizza Freud, è costituita da tre stanze o luoghi, e li suddivide in Es, Io e Super-Io.
Anche in questo caso ogni stanza accoglie al suo interno determinati sentimenti e pulsioni.
Ad esempio nell'Es troviamo tutti gli istinti primordiali, di pulsioni sessuali, presenti sia nell'uomo che negli animali, che non sottostà a nessuna logica o pensiero razionale, quella parte che molto spesso prevale e da cui ci facciamo trasportare che è difficile da controllare.

Nel Super-Io invece troviamo un po' la controparte dell'Es, in cui dominano tutti i pensieri morali, appresi durante lo sviluppo attraverso famiglia e società, e che cercano di dominare, o meglio tenere a bada gli impulsi dell'Es.
Infine c'è l'Io, che rappresenta la zona di mediazione tra l'Es e il Super –Io, in cui sono presenti i pensieri coscienti e razionali, che vanno a mediare tra le due sfere, cercando di creare un equilibrio.
In questo caso l'Io rappresenta in buona parte il conscio, ma anche l'inconscio, mentre l'Es e il Super-Io si trovano nella parte inconscia della nostra mente.
Ma vediamo ora di approfondire proprio queste due importanti parti della mente e cioè il conscio e l'inconscio al fine di capirne meglio la funzione e i meccanismi.

CONSCIO

Come abbiamo spiegato nel paragrafo precedente il conscio è la parte cosciente della nostra mente, quella che elabora, pensieri razionali e che possiamo visibilmente vedere in ogni individuo.
Attraverso questa parte avvengono tutti quei processi di pensiero per cui svolgiamo le nostre azioni quotidiane.
Possiamo dire che il conscio può rappresentare la cima di un albero, quella parte visibile e superficiale che ci permette di interagire con l'ambiente circostante.
Nonostante sia forse la parte meno studiata, occorre dire che proprio attraverso i meccanismi dello stato conscio si riesce ad accedere a quella parte al di sotto della superficie, che resta nascosta anche a noi stessi: l'inconscio.
Inoltre proprio grazie al conscio si riescono a metabolizzare e a cercare di superare i traumi e i conflitti che escono fuori dall'inconscio.
Senza il pensiero razionale, senza la logica, saremmo persi, perché la logica ci permette di valutare e affrontare le situazioni nel miglior modo possibile.
È quella che ci permettere di incamerare la conoscenza, di imparare sempre nuove cose e di progredire e senza la quale non riusciremmo neanche a comunicare verbalmente.
azioni.
Possiamo dire che la mente conscia è la parte sulla quale noi affrontiamo il presente e programmiamo il futuro, quella che ha permesso anche a persone come Freud di avviare importanti ricerche scientifiche.
Ovviamente anche la parte conscia, la parte logica e razionale non può coesistere da sola, ma proprio come tutte le cose dell'universo ha bisogno di una controparte, per creare un perfetto equilibrio, per questo per capire l'importanza della parte conscia occorre analizzare la controparte, cioè l'inconscio e metterli in rapporto tra di loro.

Solo in questo modo è possibile avere un quadro completo dei meccanismi che agiscono sia in una che nell'altra parte.

INCONSCIO

A differenza del conscio, che rappresenta la parte attiva di noi, abbiamo l'inconscio, rappresentata da quella parte della nostra mente passiva, dormiente. Freud nel rappresentare meglio l'inconscio espone il concetto di conscio e inconscio attraverso l'immagine di un iceberg.

La parte emergente dalle acque rappresenta la parte conscia della mente, quella visibile, mentre la parte dell'iceberg che si trova sommersa rappresenta l'inconscio, di gran lunga più vasto e spesso della parte conscia.

L'inconscio è la parte della nostra mente su cui non abbiamo nessun controllo, ma che si manifesta attraverso vari modi, ad esempio i sogni, i déjà-vu o altri segnali, che si possono manifestare e che devono essere analizzati e compresi.

All'interno di questa parte troviamo, i ricordi di lungo tempo, ad esempio quelli di quando eravamo molto piccoli, oppure traumi o conflitti, emozioni censurate, che neanche noi sappiamo di avere.

Se nell'arco della vostra giornata provate a fare più attenzione alle cose che vi accadono potrete notare come l'inconscio agisce, senza che voi ne siate consapevoli.

Quando ad esempio dimenticate un appuntamento, voi potete pensare che sia distrazione, ma in realtà può essere invece l'inconscio che agisce mosso dalla voglia nascosta nel vostro inconscio, di non voler andare a quell'appuntamento.

Basta osservare attentamente e riflettere su alcune azioni che avvengono e che in qualche modo sono collegate a quella parte di noi nascosta che emerge sotto svariate forme.

Anche cercare di ricordare i sogni a volte può spiegare alcuni stati d'animo che non siamo coscienti di avere, perché non ci facciamo caso o perché ascoltiamo poco noi stessi.

Se vi capita ad esempio di sognare di baciare una persona dell'altro sesso o provare attrazione per qualcuno, che mai vi sareste sognati, potrebbe voler dire che da qualche parte in voi c'è un'emozione inconscia che agisce, ad esempio la curiosità o la voglia di voler provare a baciare qualcuno del vostro stesso sesso. Questa voglia o desiderio censurato da voi stessi perché ritenuto ad esempio immorale o innaturale, viene incamerato e nascosto nell'inconscio, e che proprio attraverso i sogni, riemerge.

Ovviamente questi sono casi che vengono presi ad esempio, sono quelli che possono essere analizzati facilmente in tutte le persone, mentre nelle persone affetta da depressione, ansia o altri stati psicologici, l'analisi della parte inconscia deve essere più approfondita, in questo caso bisogna ricorrere alla guida e all'aiuto di uno specialista, altrimenti si potrebbe ulteriormente peggiorare e aggravare lo stato di cui si soffre.

Proprio attraverso lo studio di queste due sfere, Freud capisce che molte malattie psichiche del tempo potevano essere originate proprio da un trauma o un conflitto nascosto nell'inconscio e riuscendo a portare alla luce, quindi nella parte conscia i traumi e i conflitti all'origine di questi stati mentali, potevano essere affrontati e analizzati insieme al paziente.

Il paziente prendendo coscienza del trauma o del conflitto utilizza la parte conscia per elaborarlo, accrescendo così anche la sua forza mentale e il suo Io.

La psicanalisi freudiana dimostra quindi come alla base di molte azioni e comportamenti vi sono dei fattori inconsci che le originano e che noi spesso non riusciamo a vedere.

Quindi l'inconscio seppur sia una parte di cui non siamo coscienti è attiva, e agisce in diversi modi e generando diverse patologie psichiche.

Grazie alle sue scoperte Freud ha dato un contributo enorme nello studio della mente umana e nel campo della cura psichiatrica, e dando le basi per quella che è la psicologia moderna che viene attuata oggi.

Capitolo 3
LA TRIADE OSCURA

Come abbiamo spiegato nel paragrafo del secondo capitolo in cui si è affrontato lo studio della psicologia umana e in particolare la personalità.
La personalità che si forma in ognuno di noi dipende da quelle che sono alcune caratteristiche innate in noi e dall'ambiente circostante in cui cresciamo e con cui interagiamo fin dalla più tenere età.
Esistono alcuni studi incentrati su alcuni aspetti della personalità, tre in particolare, che hanno attirato l'attenzione degli studiosi per le loro caratteristiche diciamo "negative" o "avverse", che hanno alcuni tratti in comune come ad esempio la manipolazione e l'uso di persone al fine di raggiungere i loro scopi.
Lo studio di queste tre aspetti della personalità prende il nome di Triade Oscura, proprio per l'impronta negativa che distinguono queste personalità, e che si ripercuotono in tutto ciò che li circonda.

Il Machiavellismo
Il Machiavellismo prende il suo nome dall'omonimo personaggio storico, Niccolò Macchiavelli, uno storico, filosofo, drammaturgo vissuto tra la fine del 400' e gli inizia del 500'.
Uomo molto intelligente, che in maniera fredda e calcolatrice, riusciva a manipolare le persone e usarle per poter raggiungere i suoi scopi, utilizzando anche trappole e inganni.
Una frase accomunata a Macchiavelli è quella "il fine giustifica i mezzi" che racchiude un po' tutto il succo di questo tipo di personalità.
Possiamo associare molto spesso a questo tipo di personalità, personaggi politici, o con una posizione di leadership, che molto spesso cercano solamente di fare il loro personale interesse, senza alcuna morale o pensiero a quello che può essere l'interesse e il bene comune.
Molte caratteristiche che troviamo nel machiavellismo possiamo riscontrarle anche nell'ambito del narcisismo come ad esempio la sicurezza di sé, la spavalderia, e altri tratti comuni invece con la psicopatia, come ad esempio la mancanza di empatia o di rimorso.
Questo tipo di personalità può essere visibile e riscontrata già intorno agli 8-10 anni d'età, nel momento in cui il bambino inizia ad interagire in maniera più intensa con la società e a costruire dei rapporti sociali con altri individui, ma che può nella crescita diventare un proprio disturbo della personalità.
Ovviamente diventa un disturbo nel momento in cui ci si rende conto di avere un disturbo e lo si affronta con una mirata psicoterapia, se però questa personalità è associata a ego e narcisismo, l'unico risultato che si potrà avere è quello di molte persone che pagheranno lo scotto che questa personalità crea.

Il narcisismo

Il narcisismo proprio come il machiavellismo prende il nome dal un personaggio, in questo casa si tratta di un personaggio della mitologia greca, Narciso. La storia narra di come Narciso abile cacciatore dall'enorme bellezza, rifiutasse ogni tipo di persona che provasse ad amarlo, e per ebbe una punizione divina e cioè quella di innamorarsi della sua immagine che riflessa nello specchio dell'acqua lo fece annegare e condusse alla morte.
Questo disturbo è molto visibile ed è caratterizzato da un ego spropositato, da manie di superiorità, arroganza e mancanza di empatia.
Le persone narcisiste sono restie ad assumersi le proprie responsabilità, e ad accettare qualsiasi critica, inoltre amano la competizione dove possono primeggiare e dimostrare a tutti la loro superiorità.
La terapia in questi casi avviene solamente nel momento in cui questi soggetti ricevono ammonimenti sociali, sia dall'ambiente lavorativo, sia familiare, e quindi diciamo sono quasi costretti ad intraprendere un determinato percorso terapeutico per evitare di perdere tutto ciò che hanno.
Se non c'è questo tipo di situazione solitamente il narcisista non ricorre alla psicoterapia, ma cerca di passare per la vittima della situazione in maniera tale da ricevere attenzioni dagli altri.
Attraverso numerosi studi viene ipotizzato che l'origine di questo disturbo posso avere origine da fattori ambientali in cui l'individuo si è sviluppato, oppure da fattori genetici ereditari.
Per quanto riguarda l'ambiente di sviluppo del narcisista esistono varie teorie, ad esempio quella in cui si ipotizza che la causa di questo disturbo possa essere dovuto ad un ambiente familiare volto a premiare il bambino solo se porta a casa successi e a vessarlo nel caso contrario, oppure tutto il contrario un ambiente familiare in cui il bambino non venga valorizzato e spronato con amore a fare il suo meglio, o ancora si è ipotizzato che la causa del narcisismo potrebbe ricercarsi nella socialità del bambino che non viene accettato dagli altri e bullizzato, e per far fronte a questo il bambino inizia a auto crearsi un'alta e superiore opinione di sé, sviluppando un senso di grandiosità e superiorità nei confronti di tutti.
I narcisisti possono anche diventare pericolosi per sé e per gli altri nel momento in cui si sentono poco ammirati o ricevono poche attenzioni e attraverso la manipolazione, l'uso di comportamenti scorretti e moralmente deprecabili, cercano di raggiungere il loro scopo.

La psicopatia

La psicopatia è l'ultimo dei modelli caratteriali che compongono la triade oscura della personalità.
Rispetto alle precedenti non ha un'associazione a qualche personaggio reale o immaginario ma si fonda una studi e ricerche avvenute nel campo.
Con questo termine viene indicata una persona con un'evidente anaffettività, mancanza di rimorso, comportamenti antisociali, parassitari e menzonieri.

Solitamente alcuni caratteri della psicopatia sfociano e prolificano in quella che è la vita criminale, fin dalla giovane età.

La mancanza di empatia crea in questi soggetti una visuale distorta degli altri che vengono visti come semplici mezzi da manipolare e usare per raggiungere lo scopo ultimo, come cosa giusta e naturale.

Su questo tipo di disturbo sono stati effettuati molti studi, per capire soprattutto l'origine di questa mancanza di empatia, e anche qui le teorie sono state molte, partendo da un ambiente familiare disfunzionale o eccessivamente severo e punitivo, o infine un ambiente primo di affettività.

L'incapacità del soggetto affetto da psicopatia di sviluppare una conoscenza cognitiva morale delle cose, lo rende spesso un pericolo per la società, proprio perché le regole imposte da essa in lui non trovano nessun riscontro e nessuna ragione d'essere.

Ovviamente gli studi in questo ambito continuano per cercare di creare nuovi collegamenti che possano spiegare determinati disturbi, in ultimo le ricerche sulla correlazione neurobiologica, che sta andando avanti per cercare di capire se possa esserci un collegamento biologico tra alcune disfunzioni o malfunzionamenti biologici, come ad esempio corteccia prefrontale o amigdala con la psicopatia.

Ad ora però queste teorie sono varie e spesso contrastanti tra loro.

Uno studio del 1998 affermò che questi tre aspetti della personalità fossero sovrapponibili tra loro, mentre nell'arco di quattro anni si scoprì come queste personalità avessero una dimensione propria e da considerare quindi in maniera individuale, accomunate tutte da un senso di sgradevolezza.

Inoltre si è scoperto che la compresenza di alcuni aspetti di queste tre personalità possano dar vita a personalità disturbate che ancora non a livello patologico.

Vediamo ora quelli che sono alcuni aspetti che riscontriamo nel machiavellismo, nel narcisismo e nella psicopatia.

Il primo è dato dalla psicopatia subclinica che mostra la presenza di bassi livelli di nevrosi, some ansia, stress, instabilità emotiva e aggressività.

Il secondo è dato dalla poca o totale assenza di moralità e rimorso che accomuna il machiavellismo e la psicopatia.

Il terzo è dato dall'elevata intelligenza, e infine in ultimo abbiamo l'auto esaltazione e le manie di grandezza che sono comuni sia del narcisismo che della psicopatia in maniera più lieve.

Questi sono solamente alcuni degli aspetti che queste tre sfere della personalità hanno in comune, ma vedremo in maniera più approfondita nel paragrafo successivo quali sono i tratti fondamentali e comuni della triade oscura, cercando di spiegarmi in maniera comprensibile ed esaustiva.

I TRATTI FONDAMENTALI

I tratti fondamentali che possiamo riconoscere negli individui, e che sono un segno distintivo della personalità della Triade oscura sono molteplici e cerchiamo di riassumerli tutti attraverso un mini elenco.

1. Manipolazione;
2. Uso dell'altro come oggetto per arrivare a raggiungere i propri scopi;
3. Facilità a mentire continuamente;
4. Anaffettività;
5. Impulsività;
6. Aggressività;
7. Senso di superiorità spropositato;
8. Totale mancanza di empatia e moralità;
9. Assenza di rimorso e paura;
10. Brama di potere e dominanza sugli altri;
11. Cura maniacale del proprio aspetto;
12. Elevati livelli di intelligenza.

Questi tratti fondamentali non risiedono necessariamente tutti, in un unico individuo, ma solitamente nelle persone aventi questo tipo di personalità, possiamo trovarne molte.
La cosa a volte assurda e il successo che queste persone riscuotono nel mondo, in svariati campi, andando a creare dei veri e propri regni personali in cui dominare gli altri e usarli per ogni loro più subdolo scopo.
Possiamo individuare facilmente alcuni tratti della triade oscura, in moltissimi ambiti con cui ci troviamo normalmente ad interagire, come ad esempio in rete.
Anche negli ambienti di lavoro non è difficile trovare un capo o un leader che possiede tali caratteristiche, e anche in ambiti interpersonali o personali, o nel proprio partner o conoscente.

Ovviamente un individuo che possiede più tratti di quelli elencati prima sarà una persona che può danneggiare gli altri attraverso la sua personalità e cercare di riconoscerla attraverso questi piccoli aiuti è un modo per potersi imparare a difendersi.
Nel momento in cui conosciamo il potenziale pericolo, possiamo anche instaurare un'adeguata difesa.
Vediamo ora più nello specifico quali sono i campi in cui spesso possiamo riscontrare la triade oscura e del perché questi soggetti solitamente riescono a riscuotere successo sia in campo lavorativo che nel campo delle relazioni.

I CAMPI D'APPLICAZIONE

Abbiamo accennato nel paragrafo precedente come molti individui in cui è possibile individuare tratti della triade oscura rivestano ruoli di leadership o comunque importanti.
Perché?
Partiamo col dire che una caratteristica di queste personalità è l'elevata intelligenza che viene sfruttata a loro favore e per riuscire attraverso ad avere il controllo sugli altri, in maniera tale da poter usare ogni mezzo per arrivare ad avere ciò che vogliono.
Inoltre sono persone affascinanti, dediti alla cura di sé stessi, sicuri e con un grande carisma, che riescono a sfruttare in ogni ambiente che frequentano.
Solitamente acquisiscono il loro potere scegliendo persone su cui possono esercitare il loro carisma e il loro fascino, e da lì persuaderli e manipolarli fino ad avere il completo dominio su di loro.
Altri invece del carisma usano l'aggressività, creando spesso dei climi di terrore nell'ambiente lavorativo, o familiare.
Proprio per questo molte volte la triade oscura viene rappresentata da classi manageriali o dalla classe politica, perché solitamente chi appartiene a queste classi è un individuo con totale o parziale assenza di empatia o morale, che non si fa nessuno scrupoli nell'usare e strumentalizzare altre persone per raggiungere il successo e appagare il proprio ego o grandiosità.
Interessante è anche vedere come questi soggetti interagiscono e si relazionano con l'altro sesso.
Dagli studi e dalle ricerche effettuate si è potuto riscontrare come i soggetti che presentavano le caratteristiche della triade oscura riuscivano in maniera più facile e immediata a conquistare una ragazza, in un arco di tempo relativamente breve.
Solitamente queste persone non hanno e non riescono ad avere delle relazioni di lunga durata, e sono più propensi a partner temporanei, anche solo di una notte.
Molti di loro vengono definiti don Giovanni o latin lovers, proprio per questa loro metodo funzionale di rimorchio, ma che implica il semplice appagamento fisico senza nessun altro fine.
Anche in questo caso non sono molto esigenti nella scelta del partner, ma sicuramente mirano sempre a persone fragili, deluse o semplicemente bisognose di essere desiderate.
Possiamo definirli un po' come delle mantidi religiose, che corteggiano il partner fino a farlo cedere, e dopo aver appagato il suo appetito sessuale con l'accoppiamento la mantide semplicemente si libera del suo partner.
Imparare a riconoscere questi individui è molto importante se non si vuole avere un'esperienza dolorosa o vivere un rapporto malato, che non avrebbe nulla che possa essere identificato da emozioni.
Quindi fino ad ora abbiamo visto come sia nel campo lavorativo che in quello di accoppiamento la triade oscura possa trovare molto terreno fertile.

Oltre a questi ambiti, un altro campo in cui sono stati riscontrati molti soggetti che richiamavano i tratti della triade oscura è internet.
Questi individui vengono denominati solitamente con il nome "trolls o haters" ossia dei veri e propri disturbatori solitamente anonimi, che si nascondono dietro falsi nomi e falsi profili, che appaiono all'improvviso all'interno di discussioni o commenti e inviano messaggi di odio o provocatori al fine di creare scompiglio, spargere odio e violenza, andando a ferire l'interlocutore in maniera totalmente gratuita senza nessun controllo o sensibilità.
In questi individui si è notato come siano presenti molti dei tratti che caratterizzano la triade oscura come ad esempio comportamento asociale, aggressività, assenza di empatia o rimorso, sadismo e tratti di psicopatia e machiavellismo.

Detto questo occorre dire che alcuni tratti presenti nella triade oscura vengono usati da moltissime persone in maniera vantaggiosa ma senza oltrepassare il limite del buonsenso e della morale.
Ad esempio se ci pensate un attimo le pubblicità che trasmettono in tv agiscono su di noi in maniera persuasiva, tanto da convincerci a comprare un prodotto che alla fine neanche ci serve.
O ancora quando volete vendere un prodotto della vostra azienda ad un cliente, anche in quel caso avviene una persuasione, per convincere il cliente di fronte a voi a comprare.
Ovviamente non solo la persuasione ma anche la manipolazione entro certi limiti può avvantaggiarsi, ad esempio prendete il caso di un mentalista o illusionista, che ha il compito di manipolare la mente, distorcendo quella che è la percezione della realtà, al fine di far vedere allo spettatore esattamente quello che il mentalista o illusionista vuole.
In maniera più sana quindi possiamo dire che anche noi utilizziamo alcuni caratteri della triade oscura, in molti campi della nostra vita.
Abbiamo deciso di analizzarne in particolare tre, la persuasione, la manipolazione l'ipnosi, cercando di comprenderne ogni sfaccettatura, per capire come usarli in maniera adeguata e per proteggerci da chi li usa in maniera impropria.

Capitolo 4
LA MANIPOLAZIONE

La manipolazione è più diffusa di quanto noi pensiamo, queste tecniche vengono sfruttate nel campo commerciale con la pubblicità, o in politica, con i politici che manipolano il pensiero degli elettori per avere il loro consenso.

La manipolazione è un'azione con la quale si cerca di trarre vantaggio, spesso per uno scopo economico, ma a volte, anche personale, sottomettendo e cambiando le proprie convinzioni di un'altra persona.

La manipolazione è un modo sleale e sbagliato di far cambiare idea a qualcuno pur di raggiungere il proprio obiettivo.

Pur di raggiungere il proprio obiettivo, si è disposti a fare di tutto, senza considerare che le azioni compiute possono danno all'altra persona, non solo economico ma anche emotivo e a volte fisico.

Il manipolatore, spesso è un vero e proprio narcisista, che pensa solo a stesso, che deve raggiungere ad ogni costo i suoi obiettivi, anche a spese dell'altra persona.

Il manipolatore è capace di distruggere in un attimo l'autostima della propria vittima, e un attimo dopo riesce a farla sentire amato, dimostrargli affetto e comprensione.

In questo modo, si crea un meccanismo distorto, dove il manipolare diventa una figura indispensabile per il manipolato.

Il manipolatore, oltre a esercitare violenza psicologica alla propria vittima, distruggendo la sua autostima, riesce a interpretare il ruolo della persona fragile e debole, diventando a volte prepotente e cattivo e altre volte debole e indifeso, al solo scopo di confonde il manipolato e farlo sentire in colpa.

Il manipolatore è una persona comune, non dobbiamo pensare ai tipi loschi e ambigui che si vedono in tv, può essere chiunque, anche una persona vicina a noi come un vicino, un collega o addirittura un parente o il proprio partner.

Chi è manipolato, spesso è una persona insicura, che ha bisogno di approvazione, con poca autostima, che non riesce ad integrarsi nella società.

La manipolazione è un'azione con la quale il manipolare cerca di convincere un soggetto, attraverso le sue insicurezze, che ha bisogno e desidera qualcosa.

La manipolazione può essere utilizzata per colpire diverse sfere della nostra psiche, come quella emotiva o quella psicologica.

Il manipolatore, riesce a trovare nella propria vittima, un modo per riuscire a attrarre l'attenzione attraverso una sua debolezza.

Esiste anche un tipo di manipolazione, detta "manipolazione emotiva", con la quale il manipolatore riesce a sottomettere la propria vittima, instaurando dei legami emotivi.

La manipolazione emotiva, è molto utilizzata tra i rapporti di natura affettiva, come le relazioni sentimentali, nei rapporti familiari e di amicizia o in ambito lavoro.

La manipolazione emotiva porta a una dipendenza affettiva, proprio per questo, spesso è presa in considerazione e non viene diagnostica.

La manipolazione emotiva è sempre una forma di violenza psicologica, basti pensare alle violenze domestiche, il marito sottomette la moglie, a tal punto da convincerla di meritarsi le sue punizioni.
Lo psicologo George K. Simon, grazie ai suoi studi, ha identificato determinate regole e comportamenti che il manipolatore deve seguire, come:
Nascondere la propria aggressività, in modo da non far capire il suo vero obiettivo, poiché riesce a capire con molta facilità i punti deboli della vittima e a delineare degli schemi di manipolazione da attuare. Attraverso due forme, la prima passivo-aggressiva, con la quale si avvale del silenzio per mascherare la propria aggressività. Il manipolator, in questo caso si atteggia a vittima, tenendo il broncio o criticando la propria vittima.
Aggressività relazione, con la quale, il manipolatore utilizza alcuni schemi, per screditare e compromettere l'immagine sociale della vittima.
Insensibilità, mancanza di senso di colpa e distacco emotivo, il manipolatore non ha nessuno scrupolo ad attirare le sue strategie di manipolazione, non si sente affatto in colpa nei confronti della propria vittima, causando anche dei gravi danni, pur di raggiungere il suo obiettivo.
Per attuare queste regole, il manipolatore deve essere un bravo comunicatore, capace di attirare l'attenzione della vittima e farsi ascoltare, in grado di sfruttare al massimo al massimo tutti i principi fondamentali della persuasione, di cui parleremo più avanti.

TECNICHE DI MANIPLAZIONE

Come abbiamo già detto, il manipolatore è una persona carismatica, che utilizzare a proprio vantaggio tutti gli strumenti per convincere e sottomettere la sua vittima.
Attuare i suoi schemi di manipolazioni, il manipolatore, mette in atto una serie di tecniche per riuscire a controllare l'altra persona.
La prima tecnica di cui parleremo e quella della "maschera", il manipolatore, si finge una persona buona, che vi sostiene ogni vostra decisione.
Ma in realtà, il manipolatore si nasconde dietro una maschera, infatti, la sua bontà, è solo un modo per avere la vostra fiducia, nonostante gioisca delle vostre vittorie, cerca sempre in ogni modo di insinuare il dubbio, facendoci credere che forse non è stata la scelta giusta.
Per esempio, se indossiamo un vestito per una serata particolare, il manipolatore, vi farà un sacco di complimenti per l'abito e di come vi calza a pennello, ma vi chiederà se sarà il vestito adatto per la serata.
In questo modo insinuerà il dubbio, che forse, la nostra scelta non sia stata quella giusta.
Con la tecnica della "proiezione e deresponsabilizzazione", in manipolatore riesce proiettare tutte le sue insicurezze e i propri errori sulla vittima, in questo modo, convince l'altra persona, che è colpa sua se le cose vanno.
La tecnica della *"colpevolizzazione"*, è una tecnica con la quale il manipolatore non perde occasione di colpevolizzare la propria vittima, anche se non esistono, utilizzando delle frasi pronunciate dall'altra persona, decontestualizzandole e utilizzarle per darle la colpa.
"L'assurdità" è una tecnica con la quale il manipolatore, cerca di sminuirvi, facendovi credere di aver detto parole che in realtà non avete mai pronunciato, solo per mettere in dubbio ciò in cui credete e mettervi in confusione.
La tecnica dell'ambiguità" dà al manipolare la possibilità di dire o fare cose che in seguito potrà ritrattare e modificare a suo piacimento, in base alla situazione.
"L'isolamento" della vittima è un'altra tecnica con la quale, il manipolatore, convincerà, in modo subdolo, la vittima a non può fidarsi di nessuno, dubitando di tutti, si troverà inconsapevolmente da sola.
La tecnica *"dell'ambiguità"* dà al manipolare la possibilità di dire o fare cose che in seguito potrà ritrattare e modificare a suo piacimento, in base alla situazione.
In pratica il manipolatore cerca di attaccare bottone, con dei discorsi poco chiari, con teorie un po' strampalate, in questo modo da poter cambiare la propria versione e confondervi.
Queste sono solo alcune delle tecniche che di solito il manipolatore utilizza per sottomettere la propria vittima, di seguito, affronteremo nel dettaglio, una delle tecniche forse più crudeli che si possano attuare, il *"Gaslighting"*.

Il GASLIGHTING

Il "Gaslighting" è la forma di manipolazione, forse, più pericolosa e crudele tra tutte le tecniche di manipolazione, la parola è l'insieme di due parole di un titolo di un film "gas light", ovvero luci a gas.
In Italia il film s'intitola "*Angoscia*", del 1944, regia di George Cukor e l'interpretazione di Ingrid Bergman.
Il film racconta di come un marito, cerca di portare alla pazzia, per poter ereditare i suoi gioielli di famiglia.
Il marito sposta alcuni oggetti della casa, e ad abbassare le luci a gas della casa e quando la moglie se ne accorge, lui puntualmente smentisce, facendolo passare come frutto della sua immaginazione.
Il gaslighter, ovvero il manipolare, cerca di screditare ciò che afferma l'altra persona, cercando di negare con delle frasi come *"Guarda che ricordi male!"*, *"Forse te lo stai inventando, non è mai successo!"*.
Così facendo, la vittima si sentirà spiazzata, metterà in dubbio le sue convinzioni, insinuando dei dubbi sulle percezioni della propria realtà.
È una tra le peggiori violenze psicologiche che si possano subire, la vittima subisce un vero e proprio lavaggio del cervello, utilizzata per mettere insicurezze e dubbi nella mente dell'altra persona.
Questa tecnica è molto più diffusa di quanto si possa pensare, viene utilizzata molto spesso, soprattutto nelle relazioni sentimentali o in quelle familiari.
Il gaslighting mira lentamente a distruggere quelle che sono le capacità della vittima, manipolando a livello emotivo.
All'inizio, la vittima, si sentirà un po' confusa e si confiderà con il suo manipolatore, che sistematicamente smentirà tutto, passando dalla parte della ragione.
In questo modo, la vittima, pian piano, passerà da un primo stato di leggera confusione, a metter in discussione la sua percezione della realtà.

Le frasi che il manipolatore utilizza più spesso sono:

- *"Ma non inventarti storie!"*
- *"Sei bugiardo/a!"*
- *"È una cosa che fanno!"*
- *"Ma davvero che non te lo ricordi... l'altro giorno lo ha detto proprio tu!"*
- *"Forse pensavi di dirmelo, ma non lo hai mai fatto!"*
- *"Queste parole non le ho mai dette!"*
- *"Maio scherzavo... sei tu che sei troppo seria!"*
- *"Se ti lascio, nessuno vorrà stare con te!"*
- *"Come al solito è sempre colpa tua!"*
- *"Sei davvero bugiarda!"*
- *"Scusatela, ma mia moglie non ci sta più con la testa!"*
- *"Ma senza di me non sai proprio far nulla!"*

La tecnica della manipolazione del gaslithing è suddiviso in tre fasi principali:

1. La prima fase, è quella con la quale la vittima, comincia rendersi conto che c'è qualcosa che non va, ha la sensazione che la comunicazione con il suo interlocutore è distorta.
All'inizio però la vittima, non si renderà conto della gravità della situazione, pensando di avere frainteso quelle parole, questo perché all'inizio il rapporto con una persona, è tutto rose e fiori.

2. Il gaslighter alternerà momenti positivi a momenti negativi, per confondere e destabilizzare la propria vittima.
Nella seconda fase, la vittima inizierà porsi delle domande e a confrontarsi con il suo manipolare, cercando di provare che ciò che afferma il gaslighter non è insensato e poco attendibile.
La vittima cercherà in tutti i modi di chiarire e risolvere questi comportamenti, nella speranza che ci sia un cambiamento.

3. La terza e ultima fase è quella più crudele e dannosa, dove la vittima, ormai sottomessa e confusa, si arrende al suo carnefice, entrato in uno stato depressivo, diventando molto fragile e dipendente.
In questa fase, ormai la vittima ha subito una sorta di lavaggio del cervello, convincendosi che è lei la persona che sbaglia e che quindi non c'è ragione che il manipolatore cambi comportamento.

Le conseguenze del gaslighting per le vittime che subisco questo tipo di abuso, possono essere diverse e alcune molto gravi:
Una tra questi è lo stato confusionale in la vittima si ritrova, infatti, non si renderà più conto il vero dal falso, iniziando a credere di impazzire.
Il gaslighting distrugge l'autostima della vittima e mette in dubbio tutti i sentimenti che prova, portandola a sentirsi una nullità, una persona che non merita di essere amata.
Una volta che la vittima è stata manipolata mentalmente, si sentirà vuota e stanca anche fisicamente, avvertendo la necessità di dormire continuamente.
I valori e i sentimenti in cui crede la vittima, vengono messi in discussione, in modo da farla sentire sbagliata e umiliata, da non riuscire a relazionarsi con altre persone e preferendo restare a casa per la grande vergogna che prova.
Come già detto in precedenza, la vittima diventa dipendente del suo manipolatore, idealizzandolo e credendolo il solo che possa aiutarla e salvarla da questa situazione che si è creata.
Quest'ultimo argomento, indica che la vittima è stata completamente sottomessa soggiogata dal gaslighter, che è riuscito a raggiungere il suo obiettivo.
Un esempio di gaslighting, è quando il papà promette ai suoi figli, di portarli alle giostre nel pomeriggio, ma poi riceve una telefonata dagli amici ed esce con loro.

Per giustificarsi con i figli e la moglie, pur di non passare per una persona che non riesce a mantenere la parola, che forse i bambini hanno frainteso, e che lui non ha mai promesso di uscire.
In questo modo la colpa non sarà la sua, ma dei bambini che non hanno capito bene, insinuando in loro il dubbio di non aver capito bene.
Un altro esempio di Gaslighting è fatto davvero avvenuto negli Stati Uniti negli anni sessanta, dalla famiglia Manson, che durante i loro crimini, entravano nelle case delle vittime e si divertivano a spostare i mobili, per lasciare un segno del loro passaggio e incutere terrore ai proprietari.

IL GASLIGHTER E LE SUE TECNICHE DI MANIPOLAZIONE

Come abbiamo già detto in precedenza, il gaslighter è il manipolatore, di solito è una persona narcisista, aggressiva e violenta e istintiva, capace di prevedere in anticipo le azioni delle proprie vittime, così da poter preparare in anticipo e attuare le contromosse.
Il gaslighter ha come scopo principale, quello di sottomettere le sue vittime, mettendo in dubbio le sue insicurezze e certezze, rendendole completamente dipendenti da lui.
Il gaslighter è un ottimo manipolatore, in grado di fare il lavaggio del cervello alla propria vittima e fargli credere di avere sbaglio e per questo, di meritare la punizione ricevuta.
Molti studi hanno dimostrato che spesso il gaslighter e la sua vittima sono imparentati, di solito hanno una relazione sentimentale o sono parenti stretti.

Esistono tre categorie di gaslighter:

1. L'affascinante: all'inizio di una relazione, si sa, sono tutte rose e fiori, il nostro gaslighter sfrutta questa situazione per alternare momenti negativi, di improvvisi silenzi e frecciatine pungenti, a momenti romantici e passionali. Mandando segnali contrastanti, il manipolatore comincerà a mettere in confusione la vittima.

2. Il bravo ragazzo: il manipolatore riesce a convincere la vittima di avere a cuore i suoi interessi, cercando di anteporre i suoi bisogni ai propri, quando in realtà è solo egoista e approfittatore.

3. L'intimidatore: non vuole nascondere la propria natura dietro maschere o falsi perbenismi,

Lui è molto spontaneo e diretto, rimproverando e attuando tutte le sue tecniche di manipolazione alla luce del sole, sgridando e offendendo la vittima apertamente.

Non importa a quale delle tre categorie appartenga il vostro manipolare, il loro scopo è uguale per tutti, sottomettere e annullare la capacità di giudizio della vittima.

In questo modo, la vittima sarà completamente dipendente fisicamente e mentalmente del suo manipolare.

Le tecniche che il manipolatore mette in atto sono diverse e alcune sono facilmente riconoscibili, di seguito ne spiegheremo alcune.

La prima tra le tante tecniche messe in atto dal manipolare, è il dire continuamente bugie, anche se innocenti bugie senza importanza e senza una vera e propria motivazione.

Le continue bugie all'inizio di una relazione, sono un campanello da non sottovalutare, ma spesso però, proprio perché si è agli inizi di un rapporto non si dà la giusta importanza.

Negare l'evidenza dei fatti, è un altro fattore negativo da non sottovalutare, il manipolatore nega di aver detto o fatto alcune cose e modifica la versione del racconto della vittima, facendola dubitare dei suoi ricordi.

L'eccessiva gelosia, uno delle caratteristiche dei manipolatori, che limita e impedisce alla vittima di vivere una normale sociale, ma vivendo la propria come meglio crede, libero da ogni impegno.

Tendono a fare dubitare la vittima di tutti, in modo da farla allontanare e non troncare i rapporti con gli amici, i parenti e conoscenti.

Il gaslighter è un ottimo manipolare, e a volte, anche con l'inganno, cerca di mettere la vittima contro le persone a lei più care, insinuando nella sua mente il dubbio di non potersi fidare di loro, con delle frasi molto persuasive "questa persona sa che hai torto".

Questa tecnica è molto utile per il gaslighter, così facendo, la vittima non saprà più a chi rivolgersi in caso di aiuto.

Complimentarsi con la vittima, serve a dare un rinforzo positivi alla vittima, dopo tante critiche.

È una tecnica subdola, con la quale si destabilizza ancora di più la vittima, che dopo molte critiche, riceve un complimento, pensando che forse tutto quello che fa non è sbagliato, per poi ricevere altre critiche e ricade nel meccanismo attuato dal gaslighter.

COME DIFENDERSI DALLA MANIPOLAZIONE

Per manipolare una persona, c'è bisogno di tempo, che può variare da soggetto a soggetto, infatti, ognuno di noi ha una reazione di percezione diversa dall'altro. Tutti possono essere manipolati, ma ci sono soggetti che impiegheranno più tempo rispetto ad altri, ecco perché è importante riconoscere in tempo un manipolatore e riuscire a contrastare le sue tecniche di manipolazione. Queste descritte sono solo alcune delle tecniche usate per manipolare ed umiliare.
Come abbiamo già detto, esistono diverse tecniche per manipolare un soggetto, ecco perché è importante riconoscerle, rimanendo lucidi, obiettivi e vigili, senza farci prendere dalle proprie emozioni, in modo da sfuggire da questo tipo di persone.
Il manipolatore, può essere chiunque, un parente, un amico o il partner, ma la cosa che dobbiamo tenere a mente è che non cambierà mai, quindi dobbiamo capire il loro modus operandi, riuscendo ad individuarle loro tattiche per potersi difendere da loro.
Per non farci trovare impreparati, un buon metodo per contrastare un manipolatore è quello di lavorare sulla nostra autostima, lavorare su noi stessi è un ottimo metodo per acquisire fiducia in noi stessi e non cadere nei meccanismi contorti della manipolazione.
Ogni tanto bisogna porsi delle domande, riguardo i nostri affetti, come il partner gli amici e i parenti, chiedendoci se queste persone apportano benefici alla nostra persona o ci arrecano solo danno, in modo da allontanarsi da queste persone.
Per esempio se un amico ci chiama solo per chiedere dei favori, avere prestato degli oggetti o dei soldi, ma quando avete voi bisogno lui non c'è mai, allora è il caso di allontanare questa persona che cerca solo di sfruttarvi.
Evitate di farvi prendere dalle emozioni, imparatele a gestirle, in modo da essere più obiettivi e non farvi trovare impreparati.
I manipolatori cercano di fare leva con le vostre emozioni, giocando con i vostri sensi di colpa, ecco perché è importante gestire le emozioni e comprendere che non dovete sentirvi in colpa, poiché la vittima siete voi!
Evitate di farvi prendere dalle emozioni, imparatele a gestirle, in modo da essere più obiettivi e non farvi trovare impreparati.
I manipolatori cercano di fare leva con le vostre emozioni, giocando con i vostri sensi di colpa, ecco perché è importante gestire le emozioni e comprendere che non dovete sentirvi in colpa, poiché la vittima siete voi!
Dobbiamo sempre porre delle domande per riuscire a comprendere le intenzioni del manipolare, come per esempio: "Ma quello che mi stai domandando ti sembra giusto?" oppure "Ma già hai deciso o ne stai discutendo con me?".
In questo modo facciamo capire al manipolatore che vogliamo comprendere meglio le sue intenzioni, così facendo, lo costringiamo a rendersi conto che sta sbagliando.
Prendere tempo è un'ottima tattica per far desistere il manipolatore, il manipolatore deve agire nel più breve tempo possibile, perché sa con certezza che più tempo passa, più la sua vittima prenderà consapevolezza di ciò che vuole attuare.

Ecco perché, quando qualcuno ci fa una richiesta assurda richiesta, che non ci convince, la soluzione migliore e dire che dovete pensarci.
Prendere del tempo, ci consentirà di valutare con attenzione le richieste del manipolatore e rispondere in modo ponderato senza fretta ne pressioni.
Un "NO" secco e deciso è quello che serve per far capire al manipolatore che non volete cedere alle sue richieste.
Ricordatevi sempre che lui è molto abile a capire le vostre incertezze dal tono della voce o dalla vostra gestualità, quindi se sentirà insicurezza nella vostra voce o nei vostri gesti tornerà alla carica più insistente di prima.

No cercare di dare troppe motivazioni, perché anche in quel caso si potrebbe intuire il vostro senso di colpa e la vostra insicurezza, basta semplicemente dire: "mi dispiace, ci ho pensato e la mia risposta è NO!".
Queste sono alcuni dei suggerimenti per riuscire a capire e contrastare le tecniche di manipolazione, seguendo queste semplici regole riuscirà ad essere più sicuro di te e non permetterai a nessuno di poterti usare!

Capitolo 5
PERSUASIONE

La persuasione è sempre stato un argomento di studio in molti campi, è stata studiata da psicologi, sociologi, ed esperti di comunicazione per la capacità di influenzare il comportamento o le convinzioni della gente.
La persuasione è stato oggetto di studio per molti poeti greci, come Omero e filosofi come Aristotele, il quale, seguendo le regole della retorica classica, utilizzando l'arte della persuasione utilizzando la parola.
Per Aristotele le caratteristiche principali di un buon oratore sono: una buona reputazione, riuscire a coinvolgere l'interlocutore e infine conoscere l'argomento.
L'oratore dovrà fondare il suo discorso su argomenti veritieri, in questo modo l'interlocutore può ragionare e arrivare alla stessa conclusione dell'oratore.
La persuasione è un comportamento particolare che si cerca di avere, con il quale si mira a influenzare o convincere l'interlocutore per raggiungere i propri fini.
Chi parla ed esprime le proprie idee, attraverso una serie di gesti e un determinato modo di comunicare, tende a convincere gli altri a pensarla allo stesso modo.
Così facendo, possiamo convincere altre persone, a cambiare il loro pensiero e a condividere la nostra stessa idea, senza costrizione, soltanto esprimendo in modo convincente il nostro pensiero.
Chi ascolta è convinto di non essere stato influenzato da quelle parole e di aver preso la propria decisione in piena libertà.
La persuasione, in questo modo, può cambiare atteggiamento, inteso come reazioni emotive e idee, cambiando, di conseguenza, il proprio comportamento reagendo e comportandosi in maniera diversa, mutando la propria opinione e quindi agendo in maniera di versa.
Un esempio lampante di persuasione, è dato un venditore che cerca di vendere il proprio prodotto al cliente, convincendoci dell'utilità del prodotto e di quanto ne abbiamo bisogno.
Ma attenzione, la persuasione non deve confondersi con la manipolazione, perché sono due concetti completamente diversi.
La persuasione, infatti, è un'azione con la quale si cerca di trarre vantaggio, sia esso economico o personale, facendo cambiare a un'altra persona le proprie opinioni e convinzioni, senza commettere niente di immorale, anche se utilizzare in modo sconsiderato l'arte della persuasione può essere negativo e sbagliato.
La manipolazione, invece è un modo subdolo e scorretto di convincere qualcuno, per ottenere e raggiungere il proprio scopo, considerando gli effetti negativi di queste azioni, solo un effetto collaterale trascurabile.
Oggi, rispetto al passato, abbiamo nuove tecniche di persuasione, con la televisione e adesso con il web, attraverso i social network, siamo continuamenti bersagliati da messaggi pubblicitari.
Si esatto, avete capito bene, anche i messaggi pubblicitari sono studiati per convincervi all'acquisto di un prodotto piuttosto che un altro.

I social network, grazie all'utilizzo degli smartphone, tablet e pc, possiamo postare messaggi o caricare video ed esprimere il nostro pensiero, giusto o sbagliato che sia, raggiungendo tantissimi utenti che possono essere persuasi dalle nostre idee e cambiare la loro opinione.

Perché la sua comunicazione persuasiva abbia l'esito sperato, bisogna che ci sia un comunicare che sia in grado di acquisire la fiducia dell'interlocutore, un messaggio, sia esso negativo o positivo, che sia in grado di trasmettere a chi lo sta ascoltando, e un canale con cui trasmettere il proprio messaggio, che sia scritto o audiovisivo.

Tutti questi fattori caratterizzano la comunicazione persuasiva, che se usata con criterio e positivamente, migliorando i nostri rapporti sociali e professionali, contrastare idee negative.

I PRINCIPI CHE LA REGOLANO

Come abbiamo già detto, c'è una differenza tra la persuasione e la manipolazione, poiché, la persuasione è un'azione, di solito una comunicazione verbale, atta a far cambiare idea, pensiero o comportamento al nostro interlocutore, al fine di raggiungere il nostro scopo o vantaggio, senza causare danni fisici, morali o psichici.

Al, la manipolazione è un'azione con la quale si ha l'intento di raggiungere lo scopo prefissato, senza tener conto che l'azione che si svolgendo possa portare conseguenze anche gravi al nostro interlocutore.

Per capire meglio la differenza facciamo un esempio, se un farmacista convince il suo cliente a acquistare una medicina equivalente, piuttosto che quella originale, ma che gli stessi effetti, in modo da guadagnarci un po' di più, si tratta di persuasione. In questo caso, il farmacista, ha convinto il cliente a comprare una marca diversa di una medicina, per trarne profitto, ma senza danneggiare il cliente.

Al contrario se il farmacista, convince il cliente a acquistare una medicina diversa da quella che utilizza di solito, per trarne profitto, incurante dei possibili effetti collaterali, che possono arrecare danni anche gravi alla salute del cliente, allora si parla di manipolazione.

Come possiamo ben capire dall'esempio, c'è una sostanziale differenza tra la persuasione e la manipolazione.

La persuasione si basa su dei principi fondamentali, lo psicologo e ricercatore Robert Cialdini, nel suo libro "Le armi della persuasione", li identifica e suddivide 6 categorie.

I principi fondamentali della persuasione sono:

- Reciprocità;
- Impegno e coerenza;
- Riprova sociale;
- Simpatia;
- Autorità;
- Scarsità.

Vediamoli un po' più nel dettaglio, analizzandoli uno per uno.
La *reciprocità*, è intesa come un sentirsi in obbligo nei confronti di qualcuno nel ricambiare un favore ricevuto.
È più una regola sociale, che impone di ricambiare un favore ricevuto, altrimenti verrai etichettato come una persona poco cordiale e irriconoscente.
Se al bar incontri un amico e ti offre un caffè, per esempio, ti senti in dovere di ricambiare la prossima volta che si verificherà la stessa occasione.
Quante volte ci siamo ritrovati in questo tipo di situazioni, a lavoro, al bar, in pizzeria o anche a casa, quando un ospite si presenta con un vassoio di dolci per il dopo cena.
In pratica la gentilezza, il comportarsi bene con qualcuno, fa nascere in noi la sensazione di sentirsi in dovere e di ricambiare.
L'*impegno e la coerenza*, sono fondamentali per ognuno di noi, una persona che porta avanti una causa e poi cambia idea o non si impegna abbastanza perde di credibilità e induce la gente a cambiare idea sulla sua reputazione.
Una persona che non è coerente con quello che fa, non raggiungendo gli obiettivi prefissati viene considerato un soggetto inattendibile e superficiale.
Al contrario un soggetto coerente, che si impegna a portare a termine i suoi obiettivi, viene visto come una persona di cui ci si può fidare, dimostrando affidabilità e sicurezza.
La *riprova sociale*, è il ritenere corretto il comportamento e le scelte di molte persone e seguire lo stesso modo di agire.
Prima di prendere una decisione, nei momenti di incertezza, cerchiamo in qualche modo di capire cosa fanno gli altri e seguire la maggioranza.
Scegliere un'applicazione invece che un'altra, solo perché ha molti più like o perché la pagina ci suggerisce che alcuni nostri amici già la utilizzano.
Oppure, quando per esempio, dobbiamo acquistare un prodotto su un e-commerce e a volte, siamo indecisi su quale scegliere su una vasta gamma, perché ci sembrano tutti uguali e con caratteristiche simili, tendiamo a leggere i feedback e le stelline ottenute, scegliendo il prodotto più acquistato dagli utenti.
La *simpatia*, è un fattore da non sottovalutare, infatti, è più facile dire di sì a qualcuno che ci sta simpatico.
Le persone che hanno i nostri stessi interessi, che ci fanno sentire importanti, magari facendoci dei complimenti, fanno nascere in noi quella simpatia per cui è più facile convincerci e dire di "si".

Prendiamo per esempio le commesse di un negozio di abbigliamento, che chiedono che capo di abbigliamento cerchi e subito ti dicono che loro lo adorano, già creano le basi per starvi simpatiche, avendo trovato una passione che vi accomuna.
Nel momento in cui, durante la prova camerino, vi farà dei complimenti per come vi sta bene quel determinato abito e vi darà dei consigli su come indossarlo per valorizzare le vostre forme, si sarà creata quella simpatia che vi farà essere più propensi nell'acquisto di quell'abito.
L'*autorità*, di qualcuno importante, come un medico, un avvocato o in generale un professionista, che afferma che il nostro prodotto è efficace e funziona, è molto più persuasivo rispetto a una persona comune.
Questo perché, tendenzialmente, l'uomo è abituato a non mettere in dubbio le affermazioni di una figura di rilievo e non contraddirle.

Ecco perché, è molto più credibile un uomo in camice bianco piuttosto che un uomo in tuta, poiché l'uomo che indossa un camice, ricorderà la figura di un medico e quindi un'autorità di cui ci si può fidare, senza mettere in discussione le sue affermazioni o i suoi comportamenti.
La *scarsità*, è un meccanismo con il quale si tende a dare maggiore valore a un prodotto o a un'opportunità, sottolineando la scarsa disponibilità.
Per persuadere qualcuno ad acquistare un prodotto, la cosa più comune, è quella di invogliare il cliente comunicando che i pezzi disponibili sono pochi e che se non si affretta a decidere di acquistarlo perderà l'occasione, anche se il magazzino è pieno.
Quante volte, avete letto nei volantini dei negozi, o anche in qualche sito e-commerce, offerta limitata nel tempo, oppure pochi pezzi disponibili.
Questi meccanismi, sono delle strategie, studiate proprio per persuaderci ad acquistare immediatamente quel prodotto per paura di non riuscire a trovarlo e perdere l'occasione.
Questi sono i principi fondamentali di persuasione e ci fanno rendere conto di come siamo condizionati nelle nostre scelte, una volta che si conoscono, possiamo utilizzarli a nostro vantaggio, ma non solo.
Conoscendo questi principi fondamentali della persuasione, saremo in grado di difenderci, da persone, annunci, e non solo, che vogliono convincerci a fare qualcosa per i loro interessi.
Dobbiamo stare attenti anche al web, annunci online, email e altri messaggi pubblicitari, poiché anche sul web possiamo trovare tantissimi modi per persuaderci a fare qualcosa che non vogliamo.

TECNICHE DI PERSUASIONE

La persuasione è un'azione con la quale attraverso la comunicazione, un soggetto, mette in dubbio le convinzioni, altrui, facendo in modo di cambiare le proprie idee, i propri desideri e i sentimenti.
Così facendo l'interlocutore, si porrà delle domande e senza rendersene conto, verrà influenzato, in modo da far cambiare le certezze e i propri interessi.
Oltre alla comunicazione verbale, un altro fattore molto importante è la comunicazione non verbale, ovvero i segnali che il corpo esprime.
Non è decisivo né determinante, ma la comunicazione non verbale, ha un ruolo importante nell'azione di persuasione che l'oratore deve acquisire, per riuscire ad attirare l'attenzione e stabile una certa empatia con l'interlocutore.
La comunicazione non verbale, non identifica zone precise del nostro corpo, ma è un insieme di segni che il nostro corpo assume quando ci relazioniamo con un altro individuo.
La postura del corpo, il gesticolare, le espressioni del viso, ma non solo, anche il tono della voce, sono importanti per poter mettere in atto qualsiasi tecnica di persuasione.
Le espressioni del volto, come quelle di stupore, tristezza, felicità, stabilire un contatto visivo, guardando l'interlocutore negli occhi, possono coinvolgere chi ci sta ascoltando.
La postura è altrettanto importante, stare dritti, con il petto in fuori, la posizione della testa, mantenendola dritta, possono mostrare un atteggiamento di sicurezza e un soggetto che sa di conoscere l'argomento.
Bisogna sempre evitare di distarsi mentre si sta parlando con qualcuno, come per esempio guardare chi ci passa accanto, giocare con un accessorio come l'anello o un braccialetto, oppure guardare spesso l'orologio.
Tutti questi segnali sono molto negativi, possono innervosire chi ci sta ascoltando e al nostro interlocutore e trasmettere un messaggio di disinteresse e non curanza.
La voce, può essere uno dei fattori che può aiutare ad attuare le nostre tecniche di persuasione, infatti, l'intonazione della voce, il timbro e la dizione sono molto importanti per poter influenzare l'interlocutore.
Parlare con un certo tono e una certa impostazione di voce decisa, ma non autoritaria, senza esitazioni, può trasmettere sicurezza e conoscenza dell'argomento che state trattando.
Tenere una certa distanza, avvicinandovi ma non troppo, in modo da porvi di fronte il vostro interlocutore, guardarlo negli occhi, sorridere quando è possibile e lasciarlo parlare per esprimere le proprie idee e i propri dubbi, esprimendo interesse, sarà un ottimo modo per entrare in empatia con l'interlocutore.
Come ultima cosa, è importante non incrociare le braccia o accavallare le gambe, nel caso ci si accomodi su una sedia o una poltrona, poiché questo trasmette un messaggio di chiusura e di un atteggiamento difensivo.

Al contrario un ottimo metodo, è quello di imitare qualche gesto del nostro interlocutore durante la conversazione, in modo da fargli intuire che siamo come lui.
Mantenere il contatto visivo, sorridere, lasciare parlare l'interlocutore e farvi vedere interessati, reagendo alle sue parole con semplici espressioni del viso di stupore e interesse, fanno in modo di entrare in empatia con l'altra persona e renderlo più propenso a essere persuaso.

COME USARLA A PROPRIO VANTAGGIO

Adesso che sappiamo cos'è la persuasione, le basi e i suoi principi fondamentali, dobbiamo capire bene come usarle a nostro vantaggio e attuare la nostra strategia di persuasione per influenzare e convincere qualcuno a nostro vantaggio.
Di certo non possiamo mettere in atto tutti i principi fondamentali della persuasione, si potrebbe ritorcere contro, infastidendo o confondendo ancora di più il nostro interlocutore.
Quindi il suggerimento, è quello di capire bene cosa vogliamo, per quale motivo vogliamo convincere qualcuno e quale tipo di strategia è meglio attuare per ottenere ciò che vogliamo.
Una volta capito cosa vogliamo e come possiamo ottenerla, sarà molto più facile utilizzare i principi fondamentali della persuasione a vostro vantaggio e mettere in atto al meglio la vostra strategia.
Se vogliamo utilizzare il principio della reciprocità, dobbiamo capire prima di tutto, se è un buon metodo da attuare con la persona che vogliamo convincere.
Il secondo punto è quello di riuscire a capire cosa potrebbe servire alla persona che vogliamo persuadere e se ne siamo in possesso o possiamo ottenerlo.
A volte crediamo che quando prendiamo una qualsiasi decisione, di averla presa da soli, senza non ci rendiamo conto, che in realtà veniamo condizionati molto più spesso di quanto si creda dagli altri.
Quando acquistiamo un abito, o un qualsiasi altro prodotto, quando decidiamo di accettare una proposta di lavoro, in ogni decisione che prendiamo, abbiamo sempre il bisogno di chiedere a qualcuno a noi vicino cosa ne pensa!
Questo bisogno di chiedere consiglio a qualcun altro e farci condizionare nelle nostre decisioni, può essere sfruttato a nostro vantaggio.
Sfruttare il principio della riprova sociale, può essere un modo per incuriosire e far avvicinare la gente alla tua idea o al tuo prodotto.
Possiamo, per esempio, creare una pagina social o sul web, pubblicando immagini, screenshot, statistiche o dei video, per far vedere di quanto possa essere utile l'oggetto o l'idea che stiamo proponendo.
Il principio di simpatia, ci suggerisce di cercare di avere un rapporto amichevole con la persona vogliamo persuadere e cercare di entrare in empatia.
Per questo motivo dobbiamo cercare di relazionarci con il nostro interlocutore, cercare degli interessi in comune e instaurare un rapporto di fiducia.
Il principio della scarsità, credo che sia il metodo più utilizzato per convincere qualcuno.
Per quanto riguarda questo principio, bisogna essere molto furbi, e sfruttarlo nel migliore dei modi.
Se si sta utilizzando un e-commerce per vendere un prodotto, per esempio, o un annuncio su un volantino, la strategia che può essere molto utile, è quella di stabile un termine per l'offerta.
Stabilire un termine per l'offerta, o scrivendo il numero dei pezzi disponibili, si crea nella gente un meccanismo mentale, con il quale bisogna avere quell'oggetto.

Questi sono alcuni degli esempi di come utilizzare a proprio vantaggio i metodi di persuasione, per riuscire a convincere una persona che la vostra idea o il vostro prodotto è vincente.

Questo, però, non basta a convincere qualcuno, dobbiamo ricordiamoci anche di sfruttare al meglio la comunicazione, per attirare l'attenzione e farci ascoltare dal nostro interlocutore.

Una volta attirata l'attenzione di chi ascolta, dobbiamo utilizzare con intelligenza e astuzia, le strategie di convinzione.

Ricordiamoci sempre che dobbiamo ascoltare con interesse, senza distrazioni e senza interrompere chi ci sta di fronte, magari ponendo domande, per dimostrare il vostro interesse e la vostra curiosità.

Argomentando e riuscendo a capire le motivazioni dell'interlocutore, puoi sfruttare questo ragionamento a tuo vantaggio, dimostrandoti d'accordo con la sua obbiezione, ma trovando dei punti per insinuare dei dubbi e far valere le tue idee.

Quando si sta parlando con il nostro interlocutore, ricordiamoci sempre di mantenere una buona postura, modulare la voce, senza mai alzare i toni, ma cercare sempre di mantenere la calma.

Usare abiti che trasmettono u certo decoro, mantenere il contatto visivo, non gesticolare troppo, cercando di instaurare un rapporto di fiducia e amicizia con chi ci sta di fronte, anche se alla fine non si riesce a convincere.

Ricordiamoci sempre che ogni individuo ha le proprie idee e convinzioni e non sempre siamo in grado, nonostante tutte le strategie che possiamo attuare, di fare cambiare il proprio pensiero.

Capitolo 6
STORIA DELL'IPNOSI

La parola ipnosi deriva dal greco *"hypnos"* che significa sonno, anche se la definizione non è del tutto esatta, infatti in passato lo stato di trance, che il paziente assumeva durante l'ipnosi, fu in modo sbagliato confuso da uno stato di sonnambulismo.

L'ipnosi, attraverso lo stato di trance, permette di alterare le percezioni della realtà, riuscendo a entrare in contatto l'inconscio.

Attraverso lo stato di trance, raggiungendo l'inconscio, si possono modificare e alterare alcune percezioni, pensieri, comportamenti e sensazioni.

Questa alterazione che si raggiunge durante lo stato di trance, può aiutare, chi viene ipnotizzato, a cambiare e modificare abitudini sbagliate, migliore l'autostima o superare alcuni eventi traumatici del passato.

Dobbiamo anche smentire alcune leggende metropolitane che sono nate attorno questo argomento, infatti, molti credono che attraverso l'ipnosi si può costringere qualcuno a fare ciò che si vuole, come si vede nei film, per esempio, essere derubati, commettere azione illecite o addirittura uccidere qualcuno.

L'ipnosi ha origini antiche, infatti, veniva utilizzata dagli uomini primitivi durante alcuni riti religiosi per alterare i pensieri e le percezioni dei fedeli e aumentare la loro fede, tutto questo ha alimentato il diffondersi di queste leggende metropolitane

L'ipnosi è una pratica che si utilizzava già ai tempi antichi, molte popolazioni la praticavano per diverse ragioni, per esempio, gli indiani d'America, utilizzavano lo stato di trance indotto dallo sciamano, con l'impiego dei tamburi e di canti, per compiere rituali spirituali o addirittura guarire da malattie.

I celti utilizzavano l'ipnosi per elevarsi spiritualmente, in India attraverso lo stato di trance riescono a raggiungere uno stato di contemplazione molto alto e persino i greci lo utilizzavano per scopi curativi.

Qualsiasi cultura ha avuto un mago, uno sciamano o uno stregone che con l'ausilio di musiche, canti, balli, preghiere o con l'assunzione di sostanze psicotiche, utilizzavano l'ipnosi per curare o mettersi in contatto con le proprie divinità.

In occidente la pratica dell'ipnosi, per curare i pazienti da alcune malattie, venne riscoperta nella seconda metà del 700, grazie al medico tedesco Franz A. Mesmer.

Il dottor Mesmer utilizzò l'ipnosi come cura terapeutica per le malattie comportamentali, che pur non presentando un male fisico, causavano al paziente un malessere non indifferente.

Mesmer sosteneva che nel corpo umano scorresse un "fluido magnetico", che se interrotto, poteva provocare delle patologie al paziente come l'isteria.

L'isteria è una patologia con la quale si ha la paralisi di un arto o una parte del corpo, senza che ci sia stata un incedente o un trauma, nonostante i muscoli e le sue funzionalità sia del tutto normali.

Mesmer con la sua teoria del *"magnetismo minerale"*, era convinto che utilizzando dei magneti su alcune parti del corpo del paziente e provocando delle crisi, si poteva ristabilire il normale flusso del fluido curando così le pazienti affette da isteria.
Mesmer induceva lo stato di trance ai pazienti facendoli immergere in vasche di acqua magnetizzate con limatura di ferro e vetro, sosteneva inoltre che alcune persone erano in grado di accumulare il magnetismo minerale per poi trasmetterlo ai pazienti, attraverso un qualsiasi gesto, toccandolo, soffiandogli sul viso.
Uno dei discepoli di Mesmer, il marchese di Puységur Amand-Marie-Jacques de Chastnet, ma inziò, oltre a utilizzare il magnetismo, a parlare molto con il paziente.
Attraverso il dialogo, il marchese di Puységur induce il paziente in uno stato di dormiveglia detto anche "sonnambulismo".
Così facendo il paziente entra in uno stato di trance, ma nello stesso tempo è più attento, riuscendo a stabile un rapporto interattivo con il medico.
Il marchese di Puységur Amand-Marie-Jacques de Chastnet, grazie ai suoi studi può essere definito lo scopritore dell'ipnosi dal punto di vista moderno.
Anche Puységur utilizza il metodo magnetismo, ma utilizza il dialogo come strumento principale per indurre il paziente in trance, interagendo attivamente con esso.
Solo nel 1841, con il medico inglese James Braid, fu proprio lui a coniare il termine ipnotismo e a parlare di suggestione.
Braid si distanziò dalla teoria del magnetismo, utilizzando le parole per indurre lo stato di trance, grazie a lui l'ipnosi divenne una pratica utilizzata anche a livello terapeutico.
Molti medici studiarono e utilizzarono il metodo dell'ipnosi per curare molte malattie e non solo, i medici John Elliotson e John Forbes furono i primi ad ipnotizzare un paziente per anestetizzarlo.
Il dottor Jean Victor Dudet con l'ipnosi riuscì ad estrarre un dente al paziente senza anestetizzarlo e il dottor Jules Germain Cloquet eseguì un'operazione d'asportazione al seno della paziente anestetizzandolo con l'ipnosi.
La donna dopo l'operazione non ricordava nulla e non provava nessun dolore.
Fu Sigmund Freud, un allievo di Charcot, che utilizzò l'ipnosi per poter avere accesso ai ricordi e all'inconscio del paziente, per poterlo curare, anche se ben presto lasciò da parte questo metodo terapeutico, perché ritenuto troppo limitato, dedicandosi completamente alla psicoanalisi.
Negli anni 60 con il dottor Milton Erickson, fu il padre dell'ipnosi moderna, utilizzando l'ipnosi per entrare in contatto con l'inconscio del paziente, attraverso un delle normalissime conversazioni, utilizzando narrazioni, paradossi e metafore.
Grazie al dottor Erickson l'ipnosi è diventata una disciplina scientifica, riconosciuta come cura in ambito medico e psicologico.

L'IPNOSI

L'ipnosi, come abbiamo già detto, è una pratica con la quale si induce il paziente a uno stato di trance, permettendo di entrare in contatto con il suo inconscio, riuscendo a modificare e alterare alcune percezioni, pensieri, comportamenti e sensazioni, per risolve e cambiare alcune abitudini sbagliate, migliore l'autostima o superare alcuni eventi traumatici del passato.
Attraverso una delle tante pratiche a disposizione di induzione, ovvero la pratica che si effettua per poter raggiungere lo stato di trance, il paziente riesce a concentrarsi sul suo inconscio.
Le fasi dell'ipnosi sono 3:

1. Induzione;
2. Trance;
3. Uscita.

L'induzione è il processo con il quale si entra in trance, si può ottenere effettuando varie tecniche, attraverso una conversazione o con l'utilizzo di alcuni oggetti.
L'ipnotista, attraverso richiama alla mente del paziente delle sensazioni, emozioni e associazioni mentali, che contengano elementi simbolici come l'acqua o il fuoco.
Così facendo, l'ipnotista cerca di creare un legame, ottenendo la fiducia del paziente, fondamentale per la riuscita della seduta ipnotica.
Nella fase dell'induzione, si cerca di rilassare la mente, svuota la mente da tutti i pensieri negativi, attraverso alcuni esercizi respiratori e altre tecniche, in modo da poter entrare in uno stato di trance.
Una volta entrati nello stato di trance, si cerca, parlando con il paziente, di suggestionare l'inconscio, affinché si possano cambiare certe abitudini o superare certi traumi.
Quando si esce dallo stato di trance, l'ipnotista, in base al tipo di induzione che è stata eseguita, darà dei comandi precisi per ritornare allo stato di veglia.
Di solito, l'ipnotista conta da 1 a 5, alla pronuncia di ogni numero l'ipnotista può dare devi comandi, per esempio, "1 ti sentirai rilassato", "2 ti sentirai pieno di energia" ecc., fino alla pronuncia del numero 5 il paziente ritorna alla normalità.
Con l'ipnosi possiamo curare molte problemi come per esempio, lo stato di dolore che aumenta con l'aumentare dell'ansia o il dolore cronico.
Possiamo curare problemi di alimentazione, come la bulimia, l'anoressia o l'obesità, che sono spesso legati alla sfera emotiva e psicologica.
Spesso le persone trovano conforto nel cibo, quindi mangiando, compensano la manca di qualcosa, come l'affetto per esempio.
Si possono curare problemi di dipendenza da alcol, fumo e droghe, cerando di limitare le crisi che possono verificarsi con l'astinenza.
Con l'ipnosi possiamo combattere anche le fobie, come l'agorafobia, ovvero la paura degli spazi chiusi, la paura per alcuni animali o insetti, o addirittura

combattere la timidezza, cercando di accrescere l'autostima del paziente, per migliorare le relazioni sociali.

LE TECNICHE DI IPNOSI

A seconda del problema da affrontare e cercare di risolve, il terapista potrà sceglie la tecnica ipnotica più adatta alla risoluzione del problema.
Esistono, infatti, molti tipi di ipnosi, come:

- L'ipnosi regressiva;
- L'ipnosi Erikcsoniana;
- L'ipnosi interattiva.

L'ipnosi regressiva è una tecnica con la quale si cercano le cause dei propri problemi, nel passato attraverso i sogni e lo stato trance.
L'ipnosi regressiva permette al paziente di rivivere determinati eventi del passato, per poter ricercare la causa del trauma.
Con l'utilizzo di questa tecnica ipnotica, possiamo curare l'ansia, la depressione, il panico e disturbi alimentari, ma non tutti i pazienti possono essere curati con l'ipnosi regressiva, in quanto non sono adatti per questa tecnica.
Con la tecnica dell'ipnosi regressiva si possono ricordare eventi passati, addirittura alcuni scienziati, sostengono che possono essere ricordi di vite passate.
Anche se molti scienziati, sono scettici su queste affermazioni, poiché ritengono che possano essere frutto dell'immaginazione durante lo stato di trance.
Ipnosi Erikcsoniana, prende il nome del suo ideatore Milton Hyland Erickson, uno psichiatra che fu il precursore dell'attuale ipnosi moderna o Ericksoniana.
Erickson, sosteneva che ogni giorno ognuno di noi viene ipnotizzato più volte al giorno senza rendersene conto, per esempio, quando siamo in macchina, e durante a un viaggio cominciano a fantasticare con la mente distaccandoci dalla realtà.

Erickson attraverso i suoi racconti suggestionava i pazienti, sollecitando e modificando le loro sensazioni, percezioni, emozioni e pensieri, cercando di instaurare un legame e creare un rapporto di fiducia.
In questo modo, il paziente entrava in uno stato di catalessi, momentanea paralisi, chiusura degli occhi, rallentamento del battito cardiaco e della respirazione, da questi segnali Erickson riusciva a capire che il paziente è in trance.
Il paziente raggiunge uno stato cosiddetto di "coscienza allargata", dove entra in trance ma è sempre cosciente di ciò che sta accadendo, in modo da comprendere i cambiamenti che l'ipnosi ha appartato.
L'ipnosi interattiva è stata sviluppata dal dottor Giulio Giunti, questo metodo consente all'ipnoterapeuta, di mettersi in contatto con l'inconscio del paziente, per affrontare e risolve le problematiche che lo affliggono.
Con l'Ipnosi Interattiva non vengono utilizzate le classiche metodologie per l'induzione allo stato di trance, o alle suggestioni come nell'ipnosi ericsoniana.
L'ipnoterapeuta, con questa tecnica utilizza una comunicazione non verbale con l'inconscio del paziente, ovvero mentre l'ipnoterapeuta comunica verbalmente

ponendo le sue domande, il paziente utilizza la comunicazione non verbale, con un gesto involontario dell'inconscio.

Prima di iniziare la seduta, l'ipnoterapeuta, concorda dei segnali specifici con il quale il paziente può rispondere, per esempio, per rispondere "Si" alza il braccio destro, per rispondere "No" alza il braccio sinistro.

In questo modo si pongono delle domande ad ognuna delle quali il paziente entra in un momentaneo stato di trance per rispondere alla domanda.

Altri pazienti, a volte, dopo la prima domanda, entrano in trance fino alla fine della seduta, in ogni dei due casi, il paziente, rimane sempre vigile e se lo desidera può anche rispondere verbalmente.

Una delle tante tecniche di ipnosi, di cui voglio parlarvi è l'autoipnosi, ovvero una tecnica con la quale possiamo auto ipnotizzarci.

Tutte le tecniche di ipnosi, sfruttano la concentrazione per indurre l'ipnosi, l'autoipnosi, è basato sullo stesso concetto, concentrandoci su un singolo pensiero, immagine o parola, possiamo rilassarci e riuscire a raggiunge uno stato di trance.

Come per le altre tecniche di ipnosi, anche per l'autoipnosi, ci sono diversi metodi per raggiungere lo stato di trance, come per esempio chiudere gli occhi, concentrarsi su un oggetto o rilassarsi attraverso esercizi respiratori.

La tecnica dell'autoipnosi ci può aiutare a rilassarci, a dormire meglio, a superare un periodo negativo, a regolamentare la nostra alimentazione o semplicemente perché ci aiuta a stare bene.

Di solito le pratiche di ipnosi, vengono svolte in ambienti confortevoli, dove vengono riprodotte musiche o suoni per rilassare la mente, con luci soffuse, le pareti colorate con colori particolari come il blu, il violetto o il verde e una temperatura gradevole.

L'IPNOSI NELLA CURA PSICHIATRICA

L'ipnosi, non è semplicemente una tecnica con la quale si entra in contatto con l'inconscio per capire le cause che scaturiscono un trauma o un comportamento sbagliato.
L'ipnosi è una tecnica con la quale la mente del paziente, viene rieducata per poter vivere meglio la propria vita e il proprio io.
Oggi l'ipnosi viene utilizzata in molti campi per curare molti disturbi, come l'ansia, la depressione, disturbi alimentari, dolore, dipendenze, la bulbuzia e addirittura per migliorare le prestazioni fisiche negli sportivi.
Non tutti, però, possono essere ipnotizzati, infatti, non tutti riescono ad essere ipnotizzati a causa della difficoltà a rilassarsi e concentrarsi per raggiungere lo stato di trance,
Ma qualcuno potrebbe chiedersi, ma l'ipnosi ha degli effetti collari?
Oggi, possiamo dire che l'ipnosi non ha nessun effetto collaterale, non si è rivelata pericolosa per nessun paziente, nelle peggiori delle ipotesi non è possibile che non dia i suoi risultati, poiché, come abbiamo già detto, non tutti possono essere ipnotizzati.
A volte si pensa che l'ipnosi possa risvegliare nella nostra mente, alcuni sentimenti repressi che possono scaturire in attacchi violenti di ira e rabbia.
Ma è solo una paura infondata, poiché, con l'ipnosi si è sempre vigili e lucidi, fisicamente e mentalmente, quindi siamo coscienti di ciò che sta avvenendo.
Dallo stato di trance si può sempre uscire, interrompendo in qualsiasi momento l'ipnosi, senza nessuna conseguenza a livello mentale o fisico.
Chi si rivolge all'ipnosi per curare e guarire dai suoi mali, soffre di disturbi, per così dire "lievi", chi soffre di disturbi clinici gravi, non utilizzerà di certo l'ipnosi, ma si rivolgerà a un medico della salute mentale.

AUTOIPNOSI

L'autoipnosi può essere utilizzata sia come strumento terapeutico in combinazione con l'ipnoterapia eseguita da un professionista qualificato, sia in modo indipendente.
Usando l'autoipnosi, è possibile trattare autonomamente molte condizioni di salute, cambiare i propri schemi comportamentali, eliminare le dipendenze, gestire lo stress e migliorare se stessi.
L'autoipnosi aiuta a diventare più sicuri di se stessi, ottenere più successo, essere più creativi e in generale a vivere una vita più piena e soddisfacente.
Chiunque può eseguire l'autoipnosi con il giusto allenamento e gli strumenti adatti. Alcune persone rispondono meglio all'autoipnosi che all'ipnosi eseguita da un ipnoterapeuta, in quanto riescono a rilassarsi veramente e a lasciare che la loro mente cosciente si metta da parte permettendo l'accesso al subconscio solo quando sono da soli.

Questo avviene perché in qualche modo sospettano che, se si lasciassero davvero condurre in uno stato ipnotico, l'ipnoterapeuta potrebbe prendere il controllo della loro mente e farli agire in modo strano.

Anche se riconoscono razionalmente che ciò non può accadere, alcune persone provano una certa paura che ostacola l'ipnoterapia tradizionale.

Per coloro che soffrono di questa paura innata, l'autoipnosi è un'ottima alternativa.

L'autoipnosi è anche un ottimo strumento per chi viaggia molto o ha altri obblighi che gli impediscono di vedere regolarmente un ipnoterapeuta. Imparando l'autoipnosi, è possibile sottoporsi solo a sedute occasionali con l'ipnoterapeuta in modo da assicurarsi di essere sulla buona strada.

Non tutte le condizioni rispondono bene all'autoipnosi, ma alcune presentano un alto tasso di guarigione.

Quando è necessaria un'intera riprogrammazione del modo di pensare, ad esempio per riparare un trauma infantile, l'autoipnosi non è la scelta ideale, in quanto è necessario un terapeuta qualificato nell'uso dell'ipnosi propria della PNL.

Tuttavia, attraverso l'autoipnosi è possibile trattare e curare molte condizioni in modo autonomo.

Impararne le tecniche essenziali non è poi così difficile. Coloro che sono già abituati a meditare regolarmente, di solito riescono ad imparare l'autoipnosi in modo più veloce.

In ogni caso, iniziare a praticare la meditazione è un ottimo modo per prepararsi all'autoipnosi.

Imparare a rilassare il corpo e la mente attraverso la meditazione è il primo passo per eseguire l'autoipnosi, al fine di apportare cambiamenti reali, duraturi e potenti alla propria vita.

2 TECNICHE BASE DI AUTOIPNOSI

L'ipnoterapeuta può insegnare le tecniche di autoipnosi in grado di completare al meglio la terapia, ma ci sono alcune tecniche autoipnotiche di base che vengono spesso utilizzate da coloro che desiderano semplicemente migliorare se stessi o rilassarsi.
È possibile trovarne molte su internet in modo gratuito, ma le più comuni sono le seguenti:

Le scale
Per usare questa tecnica bisogna imparare a visualizzare, quindi potrebbe essere utile praticare la meditazione o almeno conoscerne gli strumenti.
Se sarai in grado di rimanere in una posizione rilassata per un lungo periodo di tempo e imparerai a visualizzare ciò che desideri, sarai pronto per eseguire questa tecnica.
A volte è utile ascoltare musica per dare alla mente cosciente qualcosa su cui concentrarsi.
Per iniziare questa tecnica di autoipnosi, devi visualizzarti in piedi in cima ad una grande scala da 10-12 gradini.
La scala dovrebbe apparire sicura e confortevole, non buia e spaventosa.
I gradini dovrebbero essere ampi e robusti, facili da percorrere. In fondo alla scala dovresti visualizzare un portone, ovvero la porta del tuo subconscio.
Dalla cima delle scale, immagina di iniziare a scendere lentamente, sentendoti sempre più rilassato ad ogni passo. Potrebbe essere utile utilizzare un CD o un DVD del tuo ipnoterapeuta o anche della tua stessa voce che ti guida e ti aiuta a visualizzare la discesa dei gradini.
Quando raggiungerai gli ultimi cinque gradini, ti troverai in un buono stato pre-ipnotico.
Scendi le ultime cinque scale molto lentamente, raggiungendo uno stato di rilassamento sempre più profondo ad ogni passo che compi.
Quando raggiungerai il fondo delle scale, spingerai la porta per scoprire che non è bloccata e che si apre facilmente. Attraversala e a quel punto ti ritroverai in uno stato ipnotico costante, dove il tuo subconscio sarà pronto a ricevere tutte le suggestioni ipnotiche che hai preparato.
Assicurati solo che siano adeguatamente formulate.
Per uscire dallo stato ipnotico, dovrai immaginare di uscire dalla porta e salire lentamente le scale, una ad una, risvegliando un po' di più la tua mente ad ogni passo che compi, fino a raggiungere la cima delle scale.
Quando l'avrai fatto, sarai completamente sveglio e vigile e avrai la sensazione di esserti fatto un'ottima dormita.

Il ponte

Questa è un'altra tecnica di autoipnosi molto usata, sia per la meditazione che per l'autoipnosi.

Alcune persone ritengono che le immagini della tecnica del ponte siano meno minacciose e inquietanti delle immagini della tecnica delle scale.

Inoltre, quelle del ponte favoriscono un ulteriore rilassamento che di solito rende il soggetto più sensibile alle suggestioni ipnotiche.

Per avviare questo metodo di autoipnosi, dovrai visualizzarti in piedi accanto a un ruscello che scorre in una foresta. Concentrati sulla scena finché non riesci a distinguerne chiaramente i dettagli.

L'acqua dovrebbe essere calma e rilassante, in modo da farti sentire tranquillo e rilassato.

Quanti dettagli riesci a cogliere? Immagina di guardare una foto: la riva, gli alberi, le foglie, le rocce, il colore della terra, il luccichio dei raggi del sole sull'acqua.

Più dettagli riuscirai a creare nella tua mente, più profondamente sarai in grado di rilassarti e più sarai aperto all'ipnosi.

Al centro del ruscello dovrebbe esserci un ponte, grande e robusto, non spaventoso o pericoloso.

Mentre ti visualizzi in piedi di fronte al ponte, fai alcuni respiri profondi per iniziare a rilassarti.

Prova ad ascoltare i suoni dell'acqua e dell'aria intorno a te. Alza lentamente lo sguardo e guarda oltre il ponte: troverai un campo soleggiato dall'aspetto caldo e invitante. Inizia lentamente ad attraversare il ponte.

Una volta arrivato al centro del ponte, guarda oltre la ringhiera. Tieni le mani davanti a te e immagina una sfera di luce scura contenente tutta la tua tristezza, lo stress e la negatività. Riversa all'interno della sfera tutta l'energia negativa accumulata nel corso della giornata: le frustrazioni del lavoro, i litigi con il tuo partner e qualsiasi altra cosa ti infastidisca o ti turba.

Quando sentirai la sfera molto più pesante, chinati e lasciala cadere in acqua.

Guardala cadere e allontanarsi, portando con sé tutta la tua negatività. A questo punto ti sentirai molto più felice, leggero e rilassato.

Continua ad attraversare il ponte fino a raggiungere il campo soleggiato.

Poiché hai lasciato scivolare tutti i sentimenti negativi in acqua, mentre attraversi il campo non dovresti provare nient'altro che gioia.

Sentirai il calore del sole sul tuo viso e ti godrai davvero i colori dell'erba e dei fiori.

Una volta entrato nel campo soleggiato che rappresenta il tuo subconscio, ti sentirai completamente rilassato e avrai raggiunto uno stato ipnotico profondo che consentirà a qualsiasi suggestione ipnotica di entrare direttamente nel tuo subconscio.

Per uscire dall'ipnosi, tutto ciò che dovrai fare è attraversare all'indietro il ponte e riacquistare la massima lucidità, in modo che la tua mente cosciente torni sveglia e vigile.

Alla fine ti sentirai rigenerato e ringiovanito, come se avessi appena fatto un rilassante pisolino sotto il sole estivo.

CONSIGLI UTILI

Imparare ad eseguire correttamente l'autoipnosi è un processo che richiede tempo per capire quali tecniche funzionano meglio sulla propria mente e quali no.
Ecco alcuni consigli per accelerare il processo e arrivare ad eseguire una corretta autoipnosi:

- Impara la meditazione: l'apprendimento della meditazione ti insegnerà a stare fermo, a calmare e a rilassare tanto la mente quanto il corpo in preparazione all'ipnosi.

- Registra un CD: se non desideri acquistare un CD di ipnosi guidata, puoi sempre realizzarlo da solo.
Procurati un semplice microfono e registra la tua voce sul computer mentre utilizzi una delle tecniche di autoipnosi, in modo da poterla poi riascoltare con le cuffie al momento di eseguire l'autoipnosi.

- Usa tecniche diverse: non tutte le tecniche di autoipnosi funzionano su ogni persona.
Prova diverse tecniche al fine di trovare quella che ti permette di raggiungere uno stato ipnotico più profondo e poi continua ad usarla.

- Trova un posto tranquillo: in una sessione di autoipnosi, hai bisogno di pace e tranquillità per circa un'ora, quindi assicurati che il resto della tua famiglia sia fuori casa oppure a letto, in modo da non essere interrotto mentre esegui l'autoipnosi.

Capitolo 7
ESERCIZI PRATICI DI PERSUASIONE

Dopo aver visto in maniera ampia e dettagliata tutto ciò che riguarda la persuasione, vediamo qualche breve esercizio che potrete mettere in pratica, per ad esempio migliorare il vostro linguaggio verbale e non, al fine di convincere il vostro cliente ad esempio a comprare il vostro prodotto o anche per riuscire ad ottenere un appuntamento con la donna che vi piace.

Ovviamente questi esempi sono esempi quotidiani, in cui l'utilizzo di queste tecniche non va oltre ad un determinato limite e che quindi non ricade propriamente nella parte negativa della triade oscura.

Negli esempi che andrò a proporvi vedrete come sia possibile usare i principi della persuasione a nostro vantaggio, ma rimanendo sempre in un campo sano e non volto a principi negativi o di dubbia moralità.

Vi propongo di seguito alcuni esempi che potete con facilità mettere in pratica, che utilizzano un linguaggio mirato attraverso cui si riescono a trasformare i NO, in Sì.

Esempio 1
Un centralinista chiama per proporre il cambio verso una nuova linea telefonica, alla signora Bianchi che dice subito un secco NO!
A questo punto la centralinista può riagganciare oppure giocare la carta dell'obiezione e chiedere alla signora: Perché no?
Così facendo la centralinista costringe la signora Bianchi ad esporre le sue obiezioni, che possono essere smontate in maniera più semplice di un secco No, soprattutto se tali motivazioni che una volta decadute avvicinano e aprono la porta per quella che sarà una buona vendita.

In sintesi occorre ricordare in qualsiasi campo voi vi troviate, in cui ricevete un secco No, potete utilizzare questo metodo per poter cambiare il risultato prima ottenuto.

Esempio 2
Il sig. Rossi vorrebbe chiedere un aumento di stipendio al suo capo, così decide di andare nel suo ufficio e proporre al suo capo una richiesta di aumento non molto fattibile e che il suo capo rifiuta immediatamente.
In questo caso il sig. Rossi sta utilizzando il metodo della comparazione per provare a ottenere ciò che vuole, proponendo due tipi di aumenti al suo capo, uno spropositato che il suo capo rifiuta subito e il secondo molto più basso del primo ma molto più alto dell'attuale stipendio che percepisce il sig. Rossi.
Attraverso questa seconda proposta il sig. Rossi fa leva su quella parte del nostro cervello che mette in continua comparazione le cose, per scegliere quella più vantaggiosa.
In questo caso il capo del sig. Rossi sarà molto più propenso ad accettare la sua seconda richiesta, che rispetto alla prima è molto più adeguata.

In questo modo il sig. Rossi ottiene il suo tanto sperato aumento di stipendio.
In questo caso si ricorda di utilizzare due termini di paragoni appropriati, che al contrario potrebbero non dare i frutti sperati.

Esempio 3
Luigi ha bisogno di andare in bagno, ma deve aspettare una persona.
Anche in questo caso può essere applicato un metodo di persuasione e cioè quello della motivazione.
Luigi chiede alla persona davanti a lui: "devo andare in bagno perché non resisto più!"
La persona lo lascia passare.
Sembrerà strano ma questo esempio è stato messo in pratica e studiato su un determinato campione di soggetti e tutte le volte il 90% delle persone otteneva un SI alla sua richiesta.

Esempio 4
Siete ad un appuntamento con un cliente e avete due minuti per convincerlo ad affidarsi a voi invece che ad un'altra azienda o collega.
Preparatevi cercando di simulare l'incontro, annotando e scrivendo il vostro discorso e cercando di rispondere anche alle ipotetiche domande del cliente, e quando avete finito, rileggete tutto e chiedetevi: saresti riuscito a convincerlo?
Se la vostra risposta sarà negativa allora ricominciare e cercate gli errori, migliorate le domande e il linguaggio fino ad ottenere il discorso volevate.

Questi sono stati dei semplici esempi che potete facilmente mettere in pratica, così come quelli inseriti nei vari capitoli in cui abbiamo trattato in maniera diretta l'argomento della persuasione, e che potete utilizzare in ogni situazione possibile, dandovi ottimi risultati.

ESERCIZI PRATICI DI MANIPOLAZIONE

Dopo aver visto in maniera ampia e dettagliata tutto ciò che riguarda la persuasione, vediamo qualche breve esercizio che potrete mettere in pratica, per ad esempio migliorare il vostro linguaggio verbale e non, al fine di convincere il vostro cliente ad esempio a comprare il vostro prodotto o anche per riuscire ad ottenere un appuntamento con la donna che vi piace.
Ovviamente questi esempi sono esempi quotidiani, in cui l'utilizzo di queste tecniche non va oltre ad un determinato limite e che quindi non ricade propriamente nella parte negativa della triade oscura.
Negli esempi che andrò a proporvi vedrete come sia possibile usare i principi della persuasione a nostro vantaggio, ma rimanendo sempre in un campo sano e non volto a principi negativi o di dubbia moralità.
Vi propongo di seguito alcuni esempi che potete con facilità mettere in pratica, che utilizzano un linguaggio mirato attraverso cui si riescono a trasformare i NO, in Si.

Esempio 1
Un centralinista chiama per proporre il cambio verso una nuova linea telefonica, alla signora Bianchi che dice subito un secco NO!
A questo punto la centralinista può riagganciare oppure giocare la carta dell'obiezione e chiedere alla signora: Perché no?
Così facendo la centralinista costringe la signora Bianchi ad esporre le sue obiezioni, che possono essere smontate in maniera più semplice di un secco No, soprattutto se tali motivazioni che una volta decadute avvicinano e aprono la porta per quella che sarà una buona vendita.

In sintesi occorre ricordare in qualsiasi campo voi vi troviate, in cui ricevete un secco No, potete utilizzare questo metodo per poter cambiare il risultato prima ottenuto.

Esempio 2
Il sig. Rossi vorrebbe chiedere un aumento di stipendio al suo capo, così decide di andare nel suo ufficio e proporre al suo capo una richiesta di aumento non molto fattibile e che il suo capo rifiuta immediatamente.
In questo caso il sig. Rossi sta utilizzando il metodo della comparazione per provare a ottenere ciò che vuole, proponendo due tipi di aumenti al suo capo, uno spropositato che il suo capo rifiuta subito e il secondo molto più basso del primo ma molto più alto dell'attuale stipendio che percepisce il sig. Rossi.
Attraverso questa seconda proposta il sig. Rossi fa leva su quella parte del nostro cervello che mette in continua comparazione le cose, per scegliere quella più vantaggiosa.
In questo caso il capo del sig. Rossi sarà molto più propenso ad accettare la sua seconda richiesta, che rispetto alla prima è molto più adeguata.
In questo modo il sig. Rossi ottiene il suo tanto sperato aumento di stipendio.

In questo caso si ricorda di utilizzare due termini di paragoni appropriati, che al contrario potrebbero non dare i frutti sperati.

Esempio 3
Luigi ha bisogno di andare in bagno, ma deve aspettare una persona.
Anche in questo caso può essere applicato un metodo di persuasione e cioè quello della motivazione.
Luigi chiede alla persona davanti a lui: "devo andare in bagno perché non resisto più!"
La persona lo lascia passare.
Sembrerà strano ma questo esempio è stato messo in pratica e studiato su un determinato campione di soggetti e tutte le volte il 90% delle persone otteneva un SI alla sua richiesta.

Esempio 4
Siete ad un appuntamento con un cliente e avete due minuti per convincerlo ad affidarsi a voi invece che ad un'altra azienda o collega.
Preparatevi cercando di simulare l'incontro, annotando e scrivendo il vostro discorso e cercando di rispondere anche alle ipotetiche domande del cliente, e quando avete finito, rileggete tutto e chiedetevi: saresti riuscito a convincerlo?
Se la vostra risposta sarà negativa allora ricominciare e cercate gli errori, migliorate le domande e il linguaggio fino ad ottenere il discorso volevate.

Questi sono stati dei semplici esempi che potete facilmente mettere in pratica, così come quelli inseriti nei vari capitoli in cui abbiamo trattato in maniera diretta l'argomento della persuasione, e che potete utilizzare in ogni situazione possibile, dandovi ottimi risultati.

Capitolo 8
LA PNL

La programmazione neuro-linguistica, o PNL, è un modo per gli individui di impostare e modificare la loro percezione del mondo. Attraverso i concetti discussi nella PNL, sarai in grado di definire meglio il tuo punto di vista verso la vita.
Essa cambia il modo in cui pensi, a seconda del sistema di PNL che scegli.
Ci sono numerose strategie da considerare quando si padroneggia la PNL.
Inoltre, queste strategie devono essere incorporate correttamente in modo che possano realmente aiutarti nel tuo viaggio verso l'auto-trasformazione.
Ricorda, chiunque desideri cambiare può farlo. Cercare di ottenere qualcosa nonostante tutte le sfide e le difficoltà dipende fortemente dalla propria mentalità.
Sebbene diversi fattori esterni possano influenzare la decisione di una persona su una particolare sfera della sua vita l'ultima chiamata sarà sempre e soltanto sua.
Con questo in mente, la PNL è una serie di esercizi che mira a cambiare il modo in cui vivi la tua vita permettendoti di imparare di più sui tuoi punti di forza e di debolezza e usarli a tuo vantaggio.

LA SUA DEFINIZIONE

Purtroppo, ho da confessarvi che non è ancora stata registrata una definizione universalmente riconosciuta e univoca che riesca a sintetizzare in modo chiaro ed esaustivo la Programmazione Neuro Linguistica.
Infatti, nell'immenso mondo di opportunità che offre internet, sfogliando le pagine di libri dedicati, frequentando il qualsivoglia corso in merito o rivolgendosi a un vocabolario è possibile scovare numerose definizioni, simili fra loro, ma talvolta persino incongruenti!
In tutta la mia umiltà, provo a formulare una sintesi che possa abbracciare tutti i campi d'interesse e coinvolgimento della Programmazione Neuro Linguistica.

- Lo studio dell'eccellenza umana;
- L'analisi della struttura dell'esperienza soggettiva;
- La decodificazione umana sul modo di pensare, agire, emozionarsi e comunicare.

Cos'è la PNL secondo Richard Bandler
Durante gli anni '70, fu proprio il suddetto Richard Bandler a parlare, per la prima volta, di Programmazione Neuro Linguistica. E, la sua personale definizione in merito a cosa sia la PNL è tuttora conservata nell'Oxford English Dictionary.

Come l'avrà riassunta, quindi, l'ideatore?
Traducendola in lingua italiana, è nostro dovere scinderla in due definizioni contraddistinte, seppur ugualmente corrette (come vi dicevo, non è semplice sintetizzare il concetto del variopinto mondo della PNL in un'unica, uniforme, definizione!).

1. La PNL è un modello di comunicazione interpersonale focalizzato primariamente sulla relazione tra schemi di comportamento di successo e la struttura dell'esperienza soggettiva che li genera;

2. La PNL è una terapia alternativa che si pone l'obiettivo di educare le persone alla conoscenza di sé, alla comunicazione efficace, al cambiamento degli schemi mentali e dei comportamenti emotivi.

Hai capito di cosa si tratta? Ahimè, immagino di no. Ciò è chiaramente frustrante, ma è anche vero che la confusione è "di casa" nella Programmazione Neuro Linguistica, poiché tutto ciò che fa parte di questo ambiente scientifico, è spiegato con termini ridondanti e di eccessiva ricercatezza.
Questo crea non pochi disagi alla comprensione e all'applicazione dei loro protocolli.
Con questo manuale, è mia intenzione semplificarti la comprensione e l'approccio a questa materia, ma ti chiedo scusa in anticipo se dovessi volteggiare in mille voli pindarici!
Farò del mio meglio.
Laddove mi è concesso, ti riporterò degli esempi pratici, di modo da semplificarti la comprensione!

Definizioni e sintesi a parte, tieni a mente che, la Programmazione Neuro Linguistica è MODELLAMENTO.

TECNICHE ESSENZIALI

In questo capitolo mi concentrerò sulle 6 tecniche essenziali, alle quali non potrai proprio fare a meno!
Ricorda che la Programmazione Neuro Linguistica può essere usata su te stesso (al fine di migliorare la tua vita) e con gli altri (con lo scopo di risolvere dei problemi specifici e aiutarli). In nessun modo, la PNL deve essere strumentalizzata SUGLI altri!
È chiara la distinzione? Bene. Possiamo proseguire.

1. Rapport
Il rapport è alla base di qualsiasi problema tu possa avere, che sia esso di natura relazionale, lavorativa, familiare, eccetera.
Milton H. Erickson, per alcuni considerato il padre dell'ipnosi moderna, sosteneva che: "I pazienti sono tali perché non sono in rapport con il loro inconscio."
Il rapport è una delle principali tecniche della PNL che ci aiuta in particolar modo nelle relazioni interpersonali.
Possiamo quindi definire il rapport in questo modo: "È uno stato di reattività inconscia fra due, o più, persone."
Prendere coscienza di ciò che segue ti permetterà di trasformare una tua conoscenza inconscia in conscia!
Poniamo il caso che tu abbia a che fare con un bambino, come ti comporteresti?
Innanzitutto, la prima cosa che farai sarà quella di chinarti per "metterti alla sua altezza" e creare un contatto visivo.
Poi, modulerai la tua voce e adatterai il tuo vocabolario forbito a uno più comprensibile e infantile: al posto di "autovettura", potresti dire "brum brum", ad esempio.
Questo meccanismo è inconscio, lo facciamo e basta!
Ci viene naturale e ci consente di stabilire una relazione di cooperazione, fiducia e armonia.
Questo è il rapport! Il tentativo di creare sempre un'esperienza positiva quando ci relazioniamo a qualcuno.

2. Milton model
Questo modello di comunicazione, che prende il nome dall'ipnotista Milton H. Erickson, è polifunzionale e versatile! Pensa che conta una ventina di pattern linguistici, studiati per colpire l'inconscio del nostro interlocutore. Per questo motivo, vengono scaltramente impiegati nel:

- Ipnosi;
- Storytelling;
- Disco vendita;
- Formazione;

- E molto altro.

Conoscere un metodo di comunicazione accattivante ti sarà estremamente utile! Sia se lo devi mettere in atto, sia per distinguere se lo stanno attuando su di te.
In cosa consiste il Milton model? Semplice.
Immaginati al ristorante, arriva il cameriere e, fissandoti negli occhi, ti domanda: "L'acqua la vuole naturale o frizzante?"
In verità, tu non hai voglia di nessuna delle due, eppure ti senti obbligato ad acquistarla!

3. Tecnica sub modalità VAK

Saper applicare questa tecnica di PNL nella realtà ti offrirà vantaggi immediati!
Le sub modalità sono un linguaggio di codifica degli eventi che ci circondano.
Intervenendo sulla codifica, andiamo a mutare il significato stesso della realtà percepita, quindi possiamo dire che saremmo in grado di sostituire gusti, convinzioni ed emozioni!

4. Learning state

Tradotta "Lo stato per imparare/apprendere", questa tecnica assume diversi appellativi in base al contesto in cui viene applicata.
Per che scopi viene utilizzata?

- Accrescere la consapevolezza di ciò che accade;
- Abbattere le emozioni negative;
- Concentrarsi nel Qui e Ora;
- Rilassarsi;
- Favorire la concentrazione;
- E molto altro.

5. Integrazione delle parti

Questa particolare tecnica è utilizzabile quando ci sono due, o più parti, in conflitto. Non mi riferisco ad altre "parti" all'infuori di te.
Metaforicamente, la mente è composta da parti, e mentre alcune spingono perché tu faccia un'azione, altre rimandano il segnale opposto. Come fare, dunque?
Una parte di te vorrebbe impegnarsi in una relazione stabile, l'altra parte di te invece vuole godersi la vita da single!
Oppure, potrebbe accadere questo conflitto interiore: una parte di te vorrebbe continuare a lavorare da dipendente, considerando le tutele, l'altra parte di te vorrebbe mettersi in proprio e inseguire i propri sogni.
Sappi che è sano e del tutto normale questo processo: i cambiamenti importanti sono sempre caratterizzati da questi conflitti.
Con la tecnica di integrazione delle parti, capirai come poter armonizzare le due facce della stessa medaglia e ricadere su una scelta consapevole e in sintonia fra le parti.

6. TIME Techniques
Ti piacerebbe viaggiare metaforicamente nel tempo? Da oggi, potrai!
TIME è l'acronimo di Time Integration for Maximum Empowerment, o in italiano: Integrazione del tempo per la massima responsabilizzazione.

Queste tecniche sono utilizzate per:

- Debellare i problemi e i traumi del passato;
- Abbandonale le emozioni negative;
- Rivalutare delle decisioni/convinzioni limitanti;
- Dimenticare l'ansia per responsabilità/eventi futuri;
- Stabilire e raggiungere i tuoi obiettivi;
- Strutturare una nuova concezione del tempo.

Le TIME Techniques, sono una sorta di ipnoterapista portatile, in grado di soccorrerti ovunque tu sia.
Immagina la linea del tempo come un filo.
Ora, afferra le estremità del filo con le dita, senza tirare.
Vedi come, a causa della gravità, il filo formerà una "pancia" verso il basso?
Supponiamo che quando avevi sei anni, tuo cugino ti abbia tagliato per dispetto i capelli e tu sia stato preso in giro dai compagni di classe per quella bizzarra acconciatura.
Quel momento, hai provato per la prima volta l'emozione della tristezza.
E, in concomitanza allo spiacevole evento, ecco che si è creata la Radice dell'emozione negativa.
Nel nostro filo, sarà rappresentata con un nodo nella curva.
Nonostante passino gli anni e ora tu sia un adulto, è del tutto normale e inevitabile che tu percepisca ancora i sentimenti negativi scaturiti da questo e altre decine di eventi deludenti della tua vita.
Ogni volta c'è un nuovo nodo sul filo.
E la pancia è sempre più pesante e gravosa.
Le emozioni negative si intensificano.
Gli studiosi, però, ci informano che, andando a debellare la Radice dell'emozione negativa, tutte le altre tristi emozioni correlate si scioglierebbero come neve al sole.
Ecco come la linea del tempo tornerebbe leggera e pulita dalle sue grigie sfumature!
Il rilascio dell'emozione negativa è talmente potente che, a volte, il cliente non riesce più a ricordare un solo evento nel quale ha percepito l'emozione negativa.

LINGUAGGIO DEL CORPO E PNL

Il linguaggio del corpo è un tema decisamente ampio ma vediamo invece alcuni aspetti che, facendo leva sulla percezione sensoriale, in base a quanto visto nel capitolo precedente, possono influenzare i comportamenti degli altri.

Il Tono di Voce

Chi lavora nell'assistenza clienti, o nei call center in generale, conosce benissimo l'importanza della voce quando si tratta di comunicare.
È la prima cosa che il cliente percepisce, è l'aspetto che prima di altri lo aiuta a formarsi un'idea del livello del servizio e dell'attenzione al cliente della società che eroga tale servizio. Potremmo quasi dire che, più che le parole dette, conta il tono di voce con il quale le si dice.
Un appassionato di musica probabilmente riesce ad afferrare più chiaramente questo concetto.
Prestiamo sempre attenzione al volume della nostra voce: la voce alta in genere indica nervosismo: bisogna prestare attenzione a questo fatto, se l'idea è quella di persuadere e rassicurare.
A volte si sente il bisogno di alzare il tono, perché il microfono funziona male o la connessione è disturbata, ma in questo modo non trasmetterete il messaggio che intendevate trasmettere; se la persona con qui stiamo parlando alza la voce, immediatamente ci sembrerà che sia stanca, irritata o a disagio. Parimenti, un oratore che si rivolge al pubblico gridando, dà l'impressione di essere in difficoltà, di essere infastidito dal suo pubblico, di essere nervoso perché non riesce a farsi capire come vorrebbe.
E il tono di voce? Il tono è assolutamente fondamentale; può far degenerare una conversazione, o risolverla per il meglio.

Un messaggio neutrale, o anche positivo, detto in modo arrabbiato, rovinerà totalmente l'effetto, dando in definitiva l'impressione di un atteggiamento ostile.
Al contrario un tono professionale e comprensivo renderà accettabile anche un messaggio non esattamente gradevole. Allo stesso modo, un tono ironico spesso avrà l'effetto di far sentire le persone giudicate, predisponendole ad irritarsi: meglio utilizzare un tono serio e professionale, che darà l'impressione di disponibilità e porterà gli altri a venirci incontro.
Altrettanto importante è la velocità del parlare.
Chi parla velocemente dà l'impressione di essere preso dal panico, o ancora dimostra egoismo, perché non si preoccupa che il suo messaggio arrivi chiaramente a tutti.
Al contrario, chi parla lentamente, con le giuste pause, sembra parlare nell'interesse di chi ascolta, quasi si stesse rivolgendo alle persone una per una. Parlare

velocemente indica anche poca disponibilità a perdere tempo, e desiderio di passare all'argomento successivo.

Se vi è mai successo di chiamare un call center e di avere a che fare con un operatore che parlava velocemente, ricorderete la sgradevole sensazione di non essere ascoltati e di non essere presi sul serio.

Considerate il personaggio di Sheldon Cooper nella serie TV The Big Bang Theory, e notate la velocità a cui parla.

Risulta evidente che, indipendentemente dal frangente e dalla situazione, Sheldon parli così velocemente per non dare il tempo all'interlocutore di organizzare le idee e rispondere a tono.

Infine, notiamo l'importanza della variazione di questi parametri nel corso della conversazione.

Cambiando intonazione, volume, velocità, esprimiamo le nostre emozioni e i nostri sentimenti. Nonostante queste caratteristiche esprimano un messaggio ben definito e, pertanto, sia utile padroneggiarne l'utilizzo, non variarle mai rende la conversazione innaturale.

Possiamo perdonare solo ad uno straniero il fatto di parlare con un tono molto uniforme; diversamente, la monotonia della voce rende la conversazione inespressiva e noiosa.

Il Tatto

Toccare le persone è normale; una pacca sulla spalla di un collega, un abbraccio a un nostro familiare.
Una stretta di mano per salutare o per congratularsi.
Quando il tocco trasmette un messaggio, parliamo di comunicazione aptica.
Il tocco ha rilevanza ancora maggiore per i bambini: in effetti è un punto cruciale del loro sviluppo.
Senza poter toccare o essere toccato, un bambino avrà grossi problemi di sviluppo, dal momento che il tatto a quell'età è il principale antistress, oltre ad essere il primo stimolo a cui un neonato risponde.

Il Tocco Funzionale

Sul posto di lavoro il contatto rimane uno dei mezzi di comunicazione più efficaci, ma è necessario attenersi ad alcune precise regole di galateo.

Ad esempio, la stretta di mano è la più importante forma di comunicazione aptica che si riscontri sull'ambiente di lavoro, e può essere una chiara indicazione del tipo di rapporto tra le due persone.

Tendenzialmente stringendo la mano si cerca di tramettere disponibilità e fiducia, ed è bene cercare di non apparire troppo sicuri di sé stessi.

Una pacca sula schiena o sulla spalla esprimono elogio e incoraggiamento; è bene però ricordare che, quando parliamo di tocco, non tutti si sentono altrettanto a proprio agio quando vengono toccati; quello che a noi pare innocente può in realtà imbarazzare e mettere a disagio altri; per questo motivo, prima di utilizzare il tocco per comunicare non verbalmente, è bene leggere il linguaggio del corpo dell'altra persona e regolarsi di conseguenza.
Le regole cambiano sul posto di lavoro quando, ed esempio, il tocco avviene tra un superiore e un subordinato.
Come regola di base è meglio evitare ma, se possibile, il tocco a parte di un superiore è più sbagliato.
Per questo, se avete persone che lavorano per voi, chiedetevi se sia il caso di toccarle, anche nel modo più innocente. Sempre meglio un eccesso di prudenza.
Naturalmente è tocco funzionale anche quello del medico che esamina un paziente, o quello del massaggiatore professionista, ma per ovvi motivi non ci interessa esaminare questo tipo di casistiche.

Il Tocco Sociale

La maggior parte delle forme di comunicazione include una qualche sorta di contatto; anche in ambito sociale, la stretta di mano rimane il tipo di contatto più diffuso, però tenete sempre presente che questo non vale ovunque; in occidente stringere la mano a una persona che ci hanno presentato è del tutto normale, altrove è anche normale un bacio sulla guancia. Quello che è considerato normale tra individui di sesso maschile, potrebbe non esserlo tra donne o tra uomo e donna. Due uomini in confidenza spesso si toccano le braccia e le spalle, ma questo tra donne non accade, e ancor meno tra uomo e donna, salvo che tra i due ci sia qualcosa di più della semplice confidenza. Ancora: generalmente per un maschio è piacevole ricevere il tocco di una sconosciuta; il contrario non è quasi mai vero. State attenti perché in alcuni paesi le norme sono piuttosto rigide.
In qualunque paese siate, evitate di toccare inutilmente le persone, non è quasi mai gradito, soprattutto tra persone di sesso opposto.
Toccare una sconosciuta in ascensore non è mai una buona idea.

Il Tocco Amichevole

Il contatto tra amici varia a seconda del contesto sociale e culturale, ma una volta di più dipende sempre dal sesso.
Le amiche sono più propense ad abbracciarsi, baciarsi e tenersi la mano; tra maschi sono più frequenti le strette di mano e le pacche sulle spalle.

Anche all'interno di una famiglia, i contatti tra donne sono più frequenti di quelli tra uomini e, comunque, i contatti tra familiari dello stesso sesso sono più frequenti rispetto a quelli tra familiari di sesso diverso.
Tra amici, le manifestazioni di affetto sono fondamentali quando si tratta di esprimere sostegno e incoraggiamento, anche se la nostra natura è schiva rispetto a queste cose; bisognerebbe vincere la ritrosia, uscire dalla nostra zona di comfort ed essere pronti a offrire un abbraccio ad un amico che sta attraversando un momento di difficoltà.
Aiutare gli altri a stare meglio può far stare meglio anche noi.

Il Contatto Visivo

Il contatto visivo è essenziale per leggere lo stato d'animo di qualcuno, soprattutto se questo qualcuno cerca di mascherarlo tramite la comunicazione verbale.
Una corretta interpretazione del linguaggio del corpo richiede una lettura complessiva di tutti i segnali che una persona trasmette.
Le pupille delle persone dicono molto: una dilatazione delle pupille indica forte interesse per la persona con cui si sta parlando o per l'oggetto che si sta guardando. Un cambio di argomento potrebbe far contrarre le pupille, e la cosa bella è che non abbiamo alcun controllo su questa cosa: se ci stiamo annoiando, le pupille sono contratte.
Il contatto visivo è essenziale quando si comunica con una persona.
Quando parliamo di contatto visivo non intendiamo dire che bisogna fissare gli altri; un contatto visivo eccessivamente persistente intimidisce le persone e le fa sentire sotto esame, soprattutto nelle culture occidentali.
Alcuni studi hanno dimostrato che i bambini morsicati dai cani domestici spesso li stavano fissando; anche per un cane lo sguardo fisso è qualcosa che innervosisce e intimidisce.
Se da un lato fissare le persone in modo eccessivamente intenso è sintomo di arroganza e sicurezza eccessiva, dall'altro evitare di guardare le persone negli occhi spesso indica la menzogna.

Lo Sguardo Sfuggente

Il contatto visivo evasivo è sintomo di disagio.
Se evitiamo lo sguardo di una persona è perché non abbiamo piacere di parlare con lei.
Oppure stiamo cercando di ingannarla.
Sbattere le palpebre è normale, come anche distogliere lo sguardo per un attimo, ma se evitiamo costantemente di guardare qualcuno negli occhi beh, qualcosa non va.
Come controprova, abbiamo visto che fissare le persone provoca in loro disagio state pur certi che se iniziate a fissare qualcuno questa persona inizierà a sentirsi intimidita e, di conseguenza, rivolgerà lo sguardo altrove.

Il Pianto

Gli esseri umani piangono quando sono in preda al dolore, oppure nel tentativo di impressionare qualcuno.

Solitamente il pianto è associato a dolore o tristezza, ma può anche indicare grande gioia o comunque emozione incontrollabile.
Le famose lacrime di coccodrillo sono lacrime false, forzate, prodotte ad arte per attirare la comprensione e la simpatia di altri.
In ogni caso, se qualcuno piange nella stragrande maggioranza dei casi si tratta di una persona disperata.

Sbattere le Palpebre

Sbattere le palpebre è qualcosa di quasi totalmente istintivo. Detto questo, una variazione della frequenza con la quale sbattiamo le palpebre può rivelare le nostre emozioni e i nostri sentimenti.
Normalmente sbattiamo le palpebre da sei a dieci volte al minuto; se la frequenza aumenta, in genere indica forte coinvolgimento o attrazione nei riguardi della persona con cui stiamo parlando, e addirittura può rivelare un tentativo di flirt. In questo caso non c'è differenza tra i sessi; a parità di condizione, uomini e donne sbattono le palpebre con la medesima frequenza.

Ammiccare

Ammiccare, strizzare l'occhio e simili, sono azioni che indicano flirt, intesa, complicità; dovrebbero essere riservate alle persone con le quali abbiamo un buon rapporto e un minimo di confidenza.
In altri ambiti culturali le cose cambiano.
Ad esempio, nei paesi asiatici la pratica di ammiccare non è vista di buon occhio.

LA PNL TI AIUTA A COMBATTERE ANSIA, STRESS E DEPRESSIONE

Cerca di non preoccuparti, sii felice, mantieni la calma: ci sono innumerevoli motivi che ci incoraggiano a non stressarci.
Nel mondo frenetico di oggi, con così tante richieste e responsabilità, a volte è difficile rimanere calmi.

Ogni giorno affrontiamo situazioni potenzialmente stressanti, dalle interazioni al lavoro a scenari poco rassicuranti nella nostra vita privata.
I fattori di stress del 21° secolo possono assumere molte forme diverse, dal sovraccarico di informazioni e dagli incubi digitali, preoccupazioni finanziarie e molto spesso anche la pressione di guidare su strade complicate e piene di traffico.
Problemi irrisolti: ciò che ignoriamo, cerchiamo di nascondere o bypassiamo possono peggiorare e manifestarsi sotto forma di paura, stress e depressione.

A volte possiamo semplicemente affrontare queste situazioni stressanti senza che esse influiscano sulla nostra salute mentale.
Ovviamente esiste lo "stress positivo", il quale usiamo nelle situazioni lavorative o per stimolarci durante un progetto. Tuttavia, possono sorgere dei problemi quando lo stress diventa negativo (quando non riusciamo a gestirlo).

Ci fa perdere l'equilibrio, influenza la nostra salute e il nostro benessere, nonché tutti gli ambiti della nostra vita.
Se lo stress dura più a lungo, può causare problemi con la durata e la qualità del sonno, l'aumento di peso, problemi digestivi e molti altri sintomi.
Di norma, lo stress può danneggiare il cuore, compromettere la memoria e anche distruggere le relazioni personali importanti.
Ansia, stress e depressione sono strettamente correlati e spesso collegati e, se non controllati, possono svilupparsi in depressione fisica.

La buona notizia, tuttavia, è che puoi fare molto per prevenire, gestire e risolvere ansia, stress e depressione.

La programmazione neurolinguistica (PNL) può aiutarci a scoprire e comprendere le cause dell'ansia, dello stress e della depressione e a identificare i cambiamenti che devono essere fatti.
Può essere qualsiasi cosa, dal gestire paure e fobie e convinzioni negative, alla risoluzione di problemi del passato o preoccupazioni per il futuro.
Sfruttando la PNL, puoi davvero eliminare questi problemi per rendere la tua vita più fantasiosa e vivere in modo sereno.
Le preziose tecniche della PNL ti presentano nuovi modi di pensare che bilanciano la tua vita.

Leggi attentamente questi suggerimenti.

Sii consapevole che la paura è "niente".
Noi umani tendiamo a creare cose dal nulla.
Non si tratta di un'affermazione dispregiativa o di un giudizio negativo, ma semplicemente di una procedura che tendiamo a fare.
Tendiamo a rendere le nostre esperienze e condizioni solide e reali, anche se in realtà non sempre lo sono.

Cerca di rispondere a questa domanda: hai mai avuto paura? Nel vero senso della parola, ti sei mai imbattuto nella paura mentre magari andavi al lavoro o mentre eri beato sul divano? Probabilmente no! Questo è il primo consiglio e la prima cosa che devi imparare.
Devi riconoscere che la paura non è una cosa reale o fissa, non è un sostantivo, è un verbo, un processo, un'azione, più precisamente un pensiero che ti porta a provare timore.
La paura non è un sentimento!
Uno degli errori più grandi e più comuni che puoi fare è confondere i pensieri con i sentimenti!
Devi sapere che la paura è un processo di pensiero e non un sentimento! Se pensi che la paura sia un sentimento, sarai molto meno in grado di affrontarlo con consapevolezza.
Ecco alcuni esempi per chiarire questo concetto:

Sono davvero arrabbiato! (questo è un pensiero, non un'emozione)

Ho la sensazione di non averne avuto abbastanza! (è un pensiero, non un'emozione)

Ho la sensazione che tu non mi porti abbastanza rispetto! (anche in questo caso è un pensiero, non un'emozione)

Penso che non mi ami più… (di nuovo, è un pensiero, non un'emozione)

Capisci il principio? Ecco altri esempi:

Sono molto preoccupato! (è un pensiero, non un'emozione)

C'è un sentimento associato alla paura, ma essa è un processo di pensieri, i quali sono la causa effettiva di tale sentimento. Per capire questo concetto, diamo un'occhiata ad una semplice formula, ma prima di farlo, hai capito la connessione tra sentimento e pensiero? In caso contrario, probabilmente devi fare più chiarezza.
Ecco la formula:

(Causa) pensare "in modo pauroso" porta al sentimento corrispondente, la "paura" (sintomo + effetto).

Il gioco è fatto: la "paura" è un sentimento che nasce quando si pensa alla paura in sé.
Un passo salutare per sbarazzarsi della paura è sapere che puoi cambiare il tuo stato semplicemente pensando più positivo. Ora finalmente hai un obiettivo!
È molto più utile affrontare una causa che i sintomi.

Provare a non sentire la paura o addirittura a temere la paura non è soluzione che stai cercando.
Facciamo un esempio per illustrare questo concetto:

Vai dal medico con un'eruzione cutanea molto rossa (sintomo) su tutto il corpo e il medico ti prescrive una crema.
Il medico ti offre un po' di sollievo, persino una cura, ma cosa dovrebbe fare davvero?
Esatto, vuoi sapere cosa sta causando l'eruzione cutanea e come trattarlo.
È lo stesso principio con la paura: conoscere la causa della paura è molto più utile per risolvere la situazione che eliminandone i sintomi! Approfondiamo questa affermazione.

Comprendere la paura è un'abilità

Comprendere la paura è un'abilità.
Se hai paura, allora possiedi un'abilità preziosa per comprenderla e anche prevenirla.
Una persona può sempre migliorare in un'abilità, anche a livello di padronanza.
Questo può essere un grosso problema se la tua abilità, invece, è crearne continuamente! Nel corso degli anni hai notato che la tua paura è sempre più frequente? Hai bisogno di meno tempo affinché si crei? Sì? Hai bisogno di meno motivi per entrare in uno stato di ansia?

In passato, la tua capacità era bassa e avevi solo paura di eventi importanti come per esempio un'intervista o un discorso in pubblico.
Tuttavia, può darsi che attualmente tu abbia paura anche solo quando qualcuno bussa improvvisamente alla porta!

"Non è tanto ciò che ci accade a farci stare male quanto l'interpretazione che gli stiamo dando!
Questo include anche ciò che non è ancora successo!".
Per dominare la paura, hai bisogno di tanta immaginazione!
Sperimentare è un requisito assoluto e un processo essenziale che è richiesto tutte le volte, per modellare in modo positivo il tuo futuro.

Leggi un'altra volta.

Una parte essenziale della capacità della paura è di immaginare il futuro, l'evento imminente o l'interazione.
Ci possono essere vari problemi quando si immagina il futuro:

- Non è possibile prevedere cosa accadrà di preciso in futuro!

- Poiché non esiste la possibilità precedente, si tende a pensare ai scenari peggiori.
- Se passi tanto tempo a immaginare il futuro, probabilmente ti perdi il presente.

Forse è in parte il motivo per cui la vita ti risulta più noiosa di quanto immagini.
- La tua immaginazione è l'unico limite.

Se la sfrutti per essere felice, è fantastico, ma cosa succede se ti rende solo preoccupato?

Smetti di immaginare il futuro e sarai meno ansioso.
Sii presente!
Essere presenti nel momento significa essere "qui", vivere ciò che sta accadendo e gli eventi come sono al momento presente. Entra in contatto fisico con te stesso.
Il tuo corpo è molto intelligente: è sempre ancorato al momento presente! Usa il tuo corpo come un'ancora per la tua mente e la tua immaginazione, in modo da essere più presente.
Quando la paura incombe, prenditi un momento per rilassarti e portati al "qui ed ora".
Nel momento presente non è possibile avere paura o preoccuparsi! Puoi avere paura, ma puoi comunque fare qualcosa al riguardo, giusto?
Per eliminare la paura, c'è bisogno di "amnesia"
Un altro metodo per ammortizzare la paura è quello della "amnesia futura e passata", un oblio significativo e quasi completo.

Ecco come funziona:

L'amnesia futura viene prima di tutto.
Qualcuno ti chiede di fare qualcosa, un lavoro, una presentazione pubblica o di parlare ad una conferenza tra circa tre settimane.
Dici "sì" anche se in realtà vorresti rifiutare.
Ecco che arriva la paura, perché in quel momento immagini come dovrà andare quella presentazione.
Stai attivando "l'amnesia futura"; lo fai non tenendo conto che hai 3 settimane per prepararti!
Dimentichi che puoi riuscire davvero ad eseguire questo compito! Non ti rendi più conto che possiedi tutte le risorse e le abilità disponibili per eccellere!

Poi si attua "l'amnesia passata", cominciando a dimenticare che hai già fatto queste cose prima e, in particolare, questa sorta di amnesia ti nasconde tutto ciò di cui ti preoccupavi in precedenza.
In questo momento hai la classica ansia da prestazione!

Conta le risorse

Prenditi un momento per calcolare il tempo che hai a tua disposizione prima di questo evento.
Renditi conto che sai cosa fare, hai le capacità e le abilità per eccellere e, in caso contrario, puoi acquisirle.
Comprendi che hai persone vicino a te che possono fornire risorse e supporto.
Qualcuno ti ha dato un'opportunità, quindi vuol dire che ha fiducia in te.
Riassumiamo ciò che possiedi:

- Hai a disposizione del tempo dal momento della richiesta all'evento effettivo
- Hai capacità e conoscenze sufficienti
- Hai delle persone e delle risorse che possono aiutarti
- Sai che qualcuno ti ha fatto una richiesta perché sapeva della tua bravura

Dopotutto, è una grande opportunità!

La paura rispecchia il tuo potenziale
La paura è in realtà un'espressione energica del tuo potenziale e delle tue abilità.
Lascia che ti faccia un esempio tramite un compito ipotetico:

Il compito che ti viene chiesto è di andare fisicamente sul pianeta Marte, ma entro 24 ore.
Quanto sei spaventato? Non tanto, giusto?
In realtà non sei spaventato è perché sai che non puoi andarci veramente e quindi non puoi preoccuparti! Il tuo potenziale risiede quindi nella conoscenza di te stesso. Puoi preoccuparti solo di qualcosa che in realtà sai di poter fare! È quindi ragionevole che la tua paura sia in realtà un indicatore di ciò che puoi fare, non di ciò che non riuscirai mai a compiere.

La paura ti blocca
La paura può fermarti solo se la usi per trovare la tua motivazione.
Smettila!

Molte persone sperimentano la paura di fronte a un compito apparentemente difficile o stimolante.
Che si tratti di una sfida personale, professionale o qualsiasi altro compito.

Usi la paura per motivarti? Usare la paura come metodo per spronarsi può sembrare efficace, ma può essere emotivamente difficile e rischioso.
Può assomigliare ad una situazione del genere:

- Ricevi un'attività da svolgere o una richiesta con una scadenza alla quale dici di sì.
- Inizi ad agitarti e ad avere paura.
- Distraiti per l'intero periodo prima dell'evento e inizia a pensarci solo 6 ore prima dell'inizio.
- Sono le 2 del mattino, ti alzi e scrivi questo discorso come se la tua vita ora dipenda solo da esso e come se tu non abbia altra scelta.
- Sono le 6:00, hai svolto il compito che ora è pronto per la consegna; che successo!
- Ora puoi dedicarti a qualcosa di nuovo e sempre più arricchente!

Smettila di avere paura! Semplicemente fermala.
Senti la paura...
Senti la paura ed esegui comunque il compito che ti è stato assegnato.
Questo è un buon consiglio quando si tratta di paura e preoccupazioni, specialmente se stai facendo ciò che è incluso nel suggerimento precedente.

Smettila di aspettare! Prova sin da subito.
Elimina per sempre la paura dal tuo essere
La "domanda eterna" è: "Chi sono io"? La risposta potrebbe richiedere del tempo, persino una vita, affinché arrivi.
In questo periodo di dubbio tendiamo a permetterci di lasciare che la nostra autostima o identità si riempiano di bugie.
Quando ti riconosci e ti identifichi come "malato di paura", alla fine smetterai di riconoscere che la paura è solo un modo di pensare e diventerai una persona che ha paura a prescindere, credendo che le preoccupazioni siano ormai parte di te.
L'identificazione è una delle strategie più efficaci per bloccare tutto.
Da questa tecnica inizia a crescere e a trovare la tua vita e la tua voce. Vedi, non sei una condizione, un problema o una lotta, sei umano; la paura non è personale, permanente o pervasiva, a meno che tu non ti convinca di ciò.

Pensa positivo
Devi esercitarti a non identificarti nel tuo pensiero.
Ciò che una persona fa è proprio questo: dei semplici pensieri! Una delle intuizioni più importanti nella programmazione neurolinguistica è che ciò che pensiamo non è effettivamente reale!

Ricordiamo e immaginiamo la realtà con il nostro cervello o la nostra mente, ma nessun pensiero è davvero reale.
Possiamo pensare quello che vogliamo, ma non è detto che sia tutto vero.
Pensa attentamente al tuo futuro e cerca di pensare il più positivo possibile.
Ricorda che non sei i tuoi pensieri, sei molto più.

Paura della paura; la combo perfetta!
Il livello più alto di paura è quando hai sviluppato la capacità di provare paura della paura! Questo è ciò che chiamiamo "paura professionale"! Hai sviluppato la capacità di avere paura della tua paura, la quale magari non hai nemmeno. Questo può farla apparire profondamente reale, personale, permanente e onnipresente!

A questo livello di paura, immagini in modo costante di essere invitato a uscire dalla tua zona di comfort.
Hai il tuo spirito cinematografico sotto controllo, ti fai dei film riguardo situazioni che non sono nemmeno probabili e che probabilmente non accadranno mai.
A cosa serve questa strategia, a cosa giova? È progettato per prepararti a molti possibili futuri e per assicurarti di essere pronto a tutto il che non è sempre possibile, quindi risulta molto inutile.

Rilassati e lasciati andare.
La tua via d'uscita dalla paura è quella di rilassarti, semplicemente cercando di togliere la costante attenzione al futuro per essere più nel presente, sia nel corpo che nella mente.
Cerca di rilassarti come esercizio quotidiano, sii presente e cerca di diventare il tuo io migliore.

Spingiti all'estremo!
Se sei motivato dal dolore e dal disagio e trovi troppo difficile pensare ad essere libero dalla paura, un metodo PNL alternativo è quello di rendere tutto più estremo, aumentando l'intensità e vivendo una terribile esperienza di paura!
È paradossale, ma se riesci a mettere il pensiero in proporzione, scoprirai quanto siano davvero ridicoli le tue preoccupazioni e i tuoi scenari.
Situazioni che non sperimenterai mai e che non hai mai realmente vissuto cesseranno di essere associate alla paura...

Se stai lottando con ansia, stress o depressione, prova questi suggerimenti per rimetterti in carreggiata:

Movimento e attività fisica
Per migliorare l'umore e aumentare le endorfine nel sistema è utile fare attività fisica.
Muovere il corpo può giovare sia alla salute mentale che fisica.

Sonno regolare
Mantenere uno schema di sonno regolare e dormire a sufficienza ogni notte può ridurre sensazioni e preoccupazioni negative.

Pratica la consapevolezza
Molte ricerche dimostrano che l'attività consapevole può aiutare con ansia e depressione.
Che si tratti di una passeggiata all'aria aperta o di qualche altra forma di cura di sé, la consapevolezza può davvero alleviare lo stress dopo una lunga giornata.

Yoga
Yoga, Pilates o Tai Chi sono noti per prevenire e ridurre lo stress a lungo termine, ma anche a breve termine.
Essi possono portare a una pausa dallo stress.
Puoi provare un corso in gruppo o esercitarti a casa tua aiutandoti con dei video online.

Meditazione
Questo può essere un modo molto efficace per ottenere il controllo della tensione fisica e trovare la pace interiore.

Rilassamento
Può calmare le emozioni e liberare la mente.
Le persone rilassate sono più creative e riescono a risolvere i problemi più facilmente, osservando le cose da una prospettiva diversa.

Analizzare il pensiero
Quando si verifica un pensiero stressante, chiediti prima se sia vero.
In caso contrario, lascialo andare e, in tal caso, chiediti se il pensiero sia utile.
Da qui puoi scegliere una strategia.

Scrivere
Scrivi le cose che ti danno fastidio.
Se hai a che fare con problemi, questa tecnica può spesso aiutare.
Se stai davvero entrando nei guai e hai problemi quotidiani, dovresti concederti un certo periodo di tempo, magari una mezz'ora al giorno, per rifletterci su.
In questo modo puoi continuare serenamente la tua vita per il resto della giornata.
Come il tuo dialogo interiore plasma la tua vita

Le parole che dici su di te e ciò che altri dicono sul tuo conto alla fine diventano la tua voce o il tuo dialogo interiore.

Il potere della positività nel tuo dialogo interiore è fondamentale per mantenere pensieri positivi e condurre una vita emotivamente sana.

Oltre alla programmazione neurolinguistica, il concetto di dialogo interiore è essenziale per la comprensione.

Questo dialogo rappresenta la voce costante nella tua testa. Secondo gli psicologi, la tua voce interiore inizia a presentarsi intorno ai tre anni, quando impari a distinguere tra pensare e parlare.

La tua voce interiore e le parole che vocalizzi possono influenzare tutto nella tua vita, dal tuo umore alla tua autostima.

Pensieri negativi frequenti
Puoi anche descrivere i pensieri negativi che hai come distorsioni cognitive.
In questo modo, la tua mente sarà convinta che qualcosa è reale quando in realtà non lo è.
I pregiudizi cognitivi rafforzano i pensieri negativi, facendoti credere che la negatività sia vera.
Esistono molte forme di pregiudizio cognitivo.
Di seguito troverai 5 tipi comuni:

Globalizzazione

Accade quando si considera un errore e lo si usa per descrivere chi sei come persona.

Esempio: se perdi il controllo durante un litigio, puoi definirti stupido.
Tuttavia, se ti identifichi in questo modo a livello globale, ti considererai stupido in tutte le situazioni.
Se ti consideri ripetutamente stupido è davvero un peccato, soprattutto se accade a seguito di un episodio di poco conto.

Personalizzazione

La personalizzazione è quando ritieni che le azioni di qualcun altro siano direttamente correlate a te.

Esempio: una mattina un collega non ti saluta come ha sempre fatto.
Invece di capire che potrebbe aver avuto una brutta mattinata o che non si sente bene, interiorizzi il suo comportamento e credi che sia così perché tu gli hai fatto qualcosa di male.

Filtraggio

Durante il filtraggio, rimuovi tutti i componenti positivi di una situazione e ti concentri esclusivamente su quelli negativi.

Esempio: durante l'incontro annuale, il tuo manager menziona 5 aree in cui sei molto bravo.
Successivamente indica un'area in cui potresti mostrare miglioramenti.

Dopo la conversazione, tendi a concentrarti solo sull'area in cui hai bisogno di miglioramenti.
Ti convinci che il tuo manager ha solo cose negative da dire sulle tue prestazioni.

Generalizzazione eccessiva

In caso di eccessiva generalizzazione, un singolo incidente diventa causa di continua preoccupazione.

Esempio: durante una riunione fai una presentazione, ma ti capita di bloccarti per qualche istanti.
In quel momento pensi che, a causa di questo errore, tutta la tua presentazione sia terribile.

Catastrofizzazione

Tramite la catastrofizzazione ci si aspettano sempre eventi negativi. Questo avviene soprattutto ponendosi domande "come, e se…?", "cosa succederebbe se?".

Esempio: il tuo amico che lavora in un altro reparto viene licenziato.
Ora tutto ciò a cui riesci a pensare è cosa succederebbe se perdessi tu il lavoro.
E se perdessi la casa perché hai perso il lavoro? E se dovessi trasferirti di nuovo dai tuoi genitori perché hai perso la casa?

Esistono numerosi esempi di schemi di pensiero negativo che molte persone sperimentano e riconoscerli è il primo passo per attuare un cambiamento.

Migliora i pensieri negativi tramite la programmazione neurolinguistica

La programmazione neurolinguistica offre una varietà di tecniche che è possibile implementare per modificare il dialogo interiore.
Di seguito sono riportate tre semplici strategie che potresti aver usato in precedenza nella tua vita senza comprendere le implicazioni della PNL e del dialogo interiore.

Affermazioni
Molte persone usano affermazioni.
Un'affermazione consiste in un mix tra ideali, convinzioni e obblighi.

Lo scopo di un'affermazione è aiutarti a manifestare un obiettivo specifico nella tua vita, sia esso materiale o immateriale.

Sono utili per migliorare i pensieri negativi perché se fai continuamente affermazioni positive, come "Nella mia vita entrano solo cose belle", cambi il tuo dialogo interiore.

Più affermazioni positive ad alta voce e nella tua testa fai, più ci crederai.
La tua vita è un riflesso di queste affermazioni positive.

Meditazione
La meditazione è una tecnica che consente alla mente di rilassarsi, migliorando così il benessere fisico, mentale ed emotivo.
Il vantaggio principale della meditazione è che calma la mente. Allena anche il tuo cervello a lasciar andare i pensieri, negativi o positivi che siano.
La prossima volta che pensi di essere incompetente, puoi identificarlo come un pensiero e lasciarlo andare invece di interiorizzarlo.

Autocompassione
L'autocompassione è un vantaggio, soprattutto se ti senti stressato o ansioso a causa dei tuoi pensieri.
È un processo in 8 passaggi, ma per riassumere, pensa a 5 persone che ami.
Esprimi verbalmente la paura che provi e immagina le migliaia di persone in tutto il mondo che rischiano di provarla.
Augura loro tutto il meglio e immagina che le 5 persone che ami ti ascoltino.
Ripeti ciò che hai detto e, quando avrai finito, vedrai che le tue emozioni sono cambiate.

Vai avanti
Tutti abbiamo pensieri negativi e teniamo in considerazione le cose negative che gli altri hanno detto di noi.
Tuttavia, ciò che fai con questi pensieri può fare la differenza nella tua fiducia, nella felicità e nelle scelte che fai nella vita.

Se sai che i tuoi pensieri negativi e le parole sfavorevoli degli altri ti influenzano molto, prenditi del tempo per riconoscere i tuoi sentimenti e arriva ad una decisione su cosa farai per migliorare il tuo stato d'animo.
Indipendentemente dal fatto che usi la programmazione neurolinguistica o qualche altra strategia, dovresti avere un dialogo interno positivo con te stesso, poiché il potere del pensiero positivo cambia radicalmente la vita.

Capitolo 9
AUTO-MOTIVAZIONE

L'auto-motivazione è presente quando si fa qualcosa senza che venga chiesto e senza pressione da parte di terzi.
L'auto-motivazione è una motivazione permanente ed è l'unica che porta davvero al risultato desiderato.
Viene dai desideri, dall'entusiasmo, dalla disponibilità e dall'ambizione.
Una persona motivata sente di volere far una determinata azione e non di esserne costretta.

Devi avere forte fiducia per motivare te stesso, poiché la fiducia è un grande fattore di motivazione.
Se sei fermamente convinto che otterrai un grande successo nella vita, sarai motivato a pensare e comportarti in modo corrispondente alle tue convinzioni e inevitabilmente potrai ottenere dei successi.

Allo stesso modo, se credi fermamente nella tua felicità e nel fatto che ti possano accadere cose buone, la tua fiducia si rispecchierà nella realtà.
Se pensi di essere responsabile delle tue azioni e dei tuoi comportamenti, tendi ad assumerti la responsabilità e ad agire in modo positivo, il che migliorerà notevolmente la tua quotidianità.

Se credi in te stesso, probabilmente hai l'auto-motivazione sufficiente per avere successo in tutto ciò che fai.
Più credi in te stesso, più sarai persistente.
La tua persistenza è un'espressione del livello della tua auto motivazione e della tua forte volontà, vuol dire che hai costanza nel mantenere l'abitudine di agire con fiducia, il che a sua volta aumenta la felicità.
Se hai sviluppato fiducia, tendi a non pensare ai possibili fallimenti.
Godere di ciò che fai è di per sé una grande motivazione.
Le persone che amano il proprio lavoro sono di solito molto brave e soddisfatte, non solo eliminano più velocemente le negatività, ma tendono ad avere successo più velocemente.
Per alcune persone, godersi il proprio lavoro è una cosa ovvia. Il divertimento è la chiave per l'auto-motivazione, godendo di ciò che si fa ci si motiva.

Non è mai facile apportare cambiamenti significativi nella vita, soprattutto se si è stati nella zona di comfort per un bel po' di tempo.
Tuttavia, è molto più semplice apportare modifiche desiderabili se si dispone dell'autostima adeguata.

La tua motivazione ti assicura di iniziare subito e di non ritardare questi miglioramenti, le ricompense per i cambiamenti riusciti aumentano enormemente la motivazione.

Le persone motivate sono pensatori positivi, quando pensi positivo pensi solo al meglio di te stesso e sai che i tuoi pensieri ti rendono ciò che sei. Pertanto, pensi solo in modo ottimistico e sicuro, costituendo in questo modo i requisiti essenziali per il successo. Assicurati che solo i pensieri positivi e motivanti entrino nella tua mente e non lasciare spazio nella tua mente a pensieri negativi che ti fanno sentire infelice e senza possibilità di successo.

L'auto-motivazione è la chiave del successo e dei risultati positivi.
Non è mai troppo tardi per sviluppare e applicare l'auto-motivazione in tutte le aree della tua vita; adesso è giunto il momento di farlo.
Prima ci provi, prima potrai fare o avere ciò che hai sempre desiderato.

Motivazione e obiettivi

Alcune persone sembrano fissare obiettivi in base a ciò che fanno gli altri.
 Se nel tuo quartiere è importante avere una casa grande con una piscina e una Ferrari, puoi passare decenni a comprare e ad imitare lo stile di vita ad essi associati. Poco dopo, però, potresti ritrovarti con un senso di vuoto questo perché per te è stato importante soddisfare solo i valori di qualcun altro.
Ecco perché mettiamo così tanta enfasi nel motivarsi e nel cercare i propri valori.
Se osservi con attenzione i tuoi obiettivi, capirai cosa è veramente importante per te,quello che devi cercare di raggiungere è la coerenza aumentando la tua motivazione per vivere finalmente in serenità.

Visualizza blocchi ed ostacoli

Innanzitutto, fai un elenco di tutti i blocchi mentali e degli ostacoli presenti nella tua vita.
Cosa ti rallenta, ti blocca e ti mette in questa modalità stand-by? Forse non ti senti bene con te stesso? Forse pensi di non meritare di avere successo? Oppure c'è la paura di cosa potrebbe accadere?
Se risolvi e rimuovi questi blocchi, scoprirai che la tua motivazione e la tua felicità aumenteranno. Fai subito un elenco di tutto ciò che ti rallenta, di ciò che ti blocca, dei pensieri negativi che ti vengono in mente e dei motivi per cui non puoi essere motivato al 100%. Se scrivi su un grande foglio, in futuro potrai valutare i tuoi progressi, magari usando domande, istruzioni e comandi.

Analisi contrastiva

Dopo aver visualizzato i tuoi blocchi, devi attuare un'analisi constrativa.
Pensa a qualcosa per cui sei motivato al 100%, poi pensa anche a qualcosa per cui ti impegni sempre molto.
Potrebbe essere qualcosa come surf, snowboard, skateboard; può essere qualcosa che ha un impatto positivo sulla tua vita. Pensa a una specifica manovra o azione che sei assolutamente motivato a fare, non devi esitare troppo: devi semplicemente agire.
Ti aiuteremo a mappare le differenze nei sistemi di rappresentazione visiva, uditiva e cinestesica.
Prima parleremo delle sottomodalità visive.
Forse hai già in mente un'immagine di te: grande, luminosa, colorata e commovente.

Se pensi solo a ciò per cui non sei per nulla motivato, l'immagine potrebbe essere una distrazione poco chiara e lontana dal tuo obiettivo.
In questo caso crei una differenza nel modo in cui la tua mente rappresenta le due cose, rendendo i tuoi blocchi ancora più resistenti.

Dopo esserti accertarto che sei pienamente motivato a tracciare i tuoi risultati, devi semplicemente motivare te stesso a raggiungere quello stato di soddisfazione.
Devi anche immaginare i suoni, i colori e i luoghi che potrebbero circondarti, ci vuole molta pratica per eseguire questo esercizio in modo corretto ma, puoi farcela!

USA IL CARISMA

Che cosa è il carisma?

Dal carisma latino e derivante da una parola greca che significa "compiacere", il termine carisma si riferisce alla capacità di alcune persone di attrarre e affascinare gli altri.
Un soggetto carismatico riesce a suscitare l'ammirazione degli altri facilmente e naturalmente.

Il carisma è qualcosa di innato e fa parte della personalità dell'essere umano.
È una capacità associata al successo, che si basa sul concetto che la persona carismatica fa bene nella vita.

Ecco perché c'è chi afferma che si può aiutare una persona a essere carismatica rafforzando così la propria autostima, la propria automotivazione, le proprie capacità di oratore e il proprio aspetto.

Il sociologo Max Weber ha ritenuto che il carisma consente di esercitare una forma di potere.
La gente nota una personalità straordinaria nel leader carismatico e si lascia guidare da lui.
Questo tipo di leadership ha permesso ad Adolf Hitler, ad esempio, di costruire la sua leadership ed esercitare il potere in modo distruttivo e irragionevole.

La stragrande maggioranza dei leader ha un carisma speciale, al di là dei loro meriti intellettuali o professionali; grazie a ciò, hanno il potere di riunire i loro seguaci soddisfare i loro desideri, o almeno credere nelle loro parole.

La controparte di una persona carismatica è un individuo che non è in grado di connettersi con altri esseri viventi, umani o animali e che ha un profondo risentimento nei confronti del primo per aver monopolizzato l'attenzione che, secondo lui, gli appartiene.
In quasi ogni gruppo di persone relativamente ampio, entrambi i ruoli tendono ad esistere e, come prevedibile, la relazione che si crea tra loro è intensa e pericolosa.

L'invidia è il primo concetto che viene in mente quando si studia il comportamento di individui a cui manca il carisma; vedono spesso il leader come un essere impreparato, senza abbastanza talento per esercitare la parte che gli altri membri del gruppo gli hanno assegnato in modo così ingiusto.
Provano questo sentimento in un modo molto tortuoso poiché non riescono a smettere di pensare che dovrebbero ricevere l'attenzione degli altri sul fatto che il loro trono è stato portato via da loro.

Strettamente collegato all'invidia è il sentimento di umiliazione, l'idea che tutti siano consapevoli dei pensieri dell'essere non carismatico e che ridano alle sue spalle per il suo fallimento.
Questa congiunzione di sensazioni è una formula pericolosa che provoca frustrazione e sete di vendetta, una vendetta che ha senso solo nella mente della persona colpita e che non vede limiti di tipo morale.
Nella storia degli esseri umani, ci sono molte storie di persone che sono invidiose del potere e del successo degli altri, che hanno fatto del loro meglio per abbatterle e togliere la loro posizione di leadership.

Otello, uno dei capolavori di Shakespeare, racconta in modo magistrale e indimenticabile una storia agghiacciante che ruota attorno al desiderio di possedere ciò che appartiene agli altri; probabilmente non ci sono immagini più scioccanti degli atti di questo gioiello della letteratura inglese, che aumentano di intensità fino a quando lasciano lo spettatore così rotto e desolato come lo stesso protagonista.
Nella vita di tutti i giorni, è difficile trovare una trama spietata come quella di Otello, ma ci sono certamente molti piani concepiti a sangue freddo che mirano a detronizzare i leader, a esporli e a dimostrare che non meritano ciò che hanno realizzato; tuttavia, per quanto possa andare lontano l'invidia, non riuscirà mai a ottenere il carisma.
Per la religione, il carisma è un dono che Dio concede, attraverso lo Spirito Santo, ad alcuni credenti a beneficio della comunità.
I movimenti carismatici, come il pentecostalismo, hanno la missione di aiutare a costruire la comunità cristiana.

Sei una persona con carisma?
Hai mai incontrato una di quelle persone che sono sempre al centro dell'attenzione senza cercarla? Qualcuno con un fascino speciale? Le persone con carisma o fascino hanno spesso caratteristiche o qualità in comune.

Il Dizionario della Royal Academy definisce il carisma come "la capacità speciale di alcune persone di attrarre o affascinare. Ma questa è un'abilità innata o è qualcosa che viene appreso?
Olivia Fox, esperta di sviluppo della leadership e editorialista di "Forbes" e "Huffington Post", spiega nel suo libro "Il mito del carisma" che non siamo nati carismatici.
Fox sottolinea che il carisma non è una qualità innata e che per questo motivo può essere appreso, aggiungendo che il carisma conta e offre un vantaggio competitivo che fa sì che gli altri vogliano lavorare e stare con noi.

CARISMA: LE 5 CARATTERISTICHE

Jay A. Conger, uno scienziato sociale, specializzato in materia, spiega nel suo libro "Il leader carismatico" che essere carismatici non è solo una questione di essere così, ma anche di comportarsi come tale.
Da parte sua, Ronald E. Riggio, professore di leadership organizzativa presso il Claremont McKenna College (Stati Uniti), ha studiato carisma per anni e ha analizzato il personaggio carismatico.
Sebbene entrambi si concentrino sulle qualità del leader sul posto di lavoro, queste cinque caratteristiche possono anche essere applicate a tutti i tipi di persone:

1. Sanno come ascoltare

Praticano l'ascolto attivo con la persona o il gruppo di persone con cui si trovano in qualsiasi momento.
In questo modo, le persone carismatiche ottengono la fiducia degli altri sentendo che qualcuno sa mettersi nei loro panni e comprenderli.

2. Si interessano agli altri

Le persone carismatiche non possono essere egoiste ma devono essere in grado di coinvolgere gli altri.
Un leader in un'azienda deve far sentire a tutti che fanno tutti parte dell'obiettivo comune e tutti devono prendere la loro parte.
La realizzazione personale di una persona con carisma non è mai superiore a quella degli altri.

3. Possedere alta sensibilità e controllo emotivo

La capacità di leggere le emozioni di altre persone, consente loro di connettersi emotivamente e controllare le proprie emozioni.
Pertanto, è raro vedere una persona carismatica perdere la calma.

4. Si adattano a tutti i contesti

Le persone con carisma sono in grado di far fronte a tutti i tipi di situazioni.
Essere esperti comunicatori li aiuta ad adattarsi a qualsiasi situazione, oltre ad avere la capacità di coinvolgere gli altri.

5. Non criticano gli altri

Le persone carismatiche sanno che parlare male degli altri porterà solo a una perdita di fiducia in loro.
Invece di criticare, sono i primi a riconoscere che un errore può essere commesso da chiunque e far sembrare che sia successo.

Ma la caratteristica più importante di una persona carismatica è la sua capacità di dosare tutte queste qualità perché sa che il superamento di una di esse può avere l'effetto opposto.

10 IDEE PER MIGLIORARTI

Nella società, è vitale avere personalità o carattere che alcune persone hanno più di altri e di altri detti.
Tuttavia, c'è qualcosa che lasciano scivolare tra le dita a causa della mancanza di conoscenza; in realtà, ognuno ha una personalità.

Può essere più introversa, più estroversa, meno indecisa o più determinata, ma ognuno ne ha una.
Non puoi "non avere personalità", in realtà è sbagliato.
Quello che puoi fare è avere fiducia.
Quindi, se vuoi "avere personalità", significa che vuoi migliorare le tue abilità sociali, migliorare la tua leadership, migliorare le tue capacità decisionali, migliorare la tua autostima o non lasciarti influenzare dagli altri.
Altri tratti che sono spesso inclusi sono il coraggio, la capacità di fare uno sforzo, correre rischi, sacrificare e perseverare. Tutti possono essere elaborati e tutti ne abbiamo sviluppati alcuni più di altri.

Prima di iniziare con le dieci abitudini che penso tu stia cercando di sviluppare tratti che sono considerati più desiderabili e tieni a mente quanto segue: tutti saranno d'accordo su alcune cose e non saranno d'accordo su altre; non importa come sei, ci saranno sempre persone che ti criticheranno, quindi non cercare di cambiare per gli altri.
Cerca di cambiare per te, migliorare la qualità della tua vita e acquisire modi di comportarti e pensare che ti consentano di raggiungere i tuoi obiettivi.

Come puoi avere una personalità attraente?

1. Essere determinati

In realtà, molte delle caratteristiche che le persone desiderano in questa società sono quelle del leader carismatico.
Sono persone che diciamo "hanno personalità" (anche se dovresti sapere che ce l'abbiamo tutti).
Uno di quei tratti della personalità è decisivo: prendere decisioni senza prendere troppo tempo.
Naturalmente, quando una decisione è cruciale, devi prenderti il tuo tempo e guardare i pro e i contro.
D'altra parte, queste persone determinate agiscono in situazioni che altri considerano rischiose e che non sono realmente rischiose.

Quindi, se agisci in modo deciso in queste situazioni, otterrai il massimo beneficio e l'unico rischio sarà la critica, che puoi evitare solo se non fai nulla (e probabilmente ci saranno persone che ti criticheranno anche per non aver recitato).

2. Esempio

Dare l'esempio è uno dei comportamenti tipici dei leader carismatici e in generale di tutti i tipi di leader.
Si tratta di fare cose che gli altri non osano fare o dovrebbero fare.
E qualcosa di molto essenziale è farli perché vuoi, non perché vuoi che gli altri pensino bene a te perché, allora, lo farai senza desiderio e sarà inutile.

3. Identifica e supera le tue paure

Che si tratti di essere decisivi o di dare l'esempio, sarai ansioso o impaurito. È qualcosa di normale, ma deve essere superato.
Non è che stai cercando di eliminare la paura, ma che la percepisci e continui ad agire.
Si tratta di identificare che l'ansia / paura ti impedisce di agire. Dopodiché, forzati ad agire, anche se è solo qualcosa di secondario.
Esempi: parlare in pubblico è una paura che molte persone hanno anche io.
Per superarlo, mi stavo obbligando a partecipare a lezioni, seminari, corsi e persino presentazioni aziendali.
In poco tempo sono passato da piccole partecipazioni a frequenti presentazioni.

4. Non cercare l'approvazione

Cercare l'approvazione è una delle peggiori abitudini che puoi avere e molte persone hanno.
È difficile ricordare sempre, e talvolta ci comportiamo per compiacere gli altri, anche le persone a cui non importa nemmeno di noi; siamo esseri sociali e abbiamo bisogno che altri vivano.
Ma qui c'è un vero paradosso; quando smetti di provare a piacere è quando per favore di più.
C'è solo una condizione necessaria, e non è mancanza di rispetto.
Vivi a modo tuo e fai quello che vuoi; ciò significa che non devi seguire gli altri o fare ciò che dicono gli altri.
È tutto una questione di rispetto.
Ti consiglio persino di fare in modo di non adattarti, di non seguire la mandria.
Questo è personaggio.

5. Sii autonomo

Forse una delle caratteristiche più desiderabili di una persona è l'autonomia.
Se sei autonomo, sarà meno impegnativo prendere decisioni da solo, il tuo obiettivo non sarà quello di compiacere gli altri e avrai più autostima poiché sarai in grado di identificare e superare le paure da solo.
Essere autonomi non significa acquistare solo pane; si tratta di imparare a vivere felicemente da soli, imparare a prendere decisioni da soli e riuscire a risolvere i propri problemi.

6. Ama te stesso

Se non ami te stesso, sub-comunichi agli altri e loro ti apprezzeranno di meno.
È imperativo che impari ad amare te stesso.
E questo, a sua volta, migliorerà tutte le abitudini di cui sopra, poiché ti ritroverai legittimato.
Quando ami te stesso, non aspetterai che qualcun altro agisca, ma saprai che meriti cose migliori nella vita e che hai il diritto di agire e trovarle.
Devi imparare ad amare e valorizzare te stesso, non aspettare che gli altri lo facciano e, paradossalmente, inizieranno a farlo.

7. Impara a vederti in modo positivo

Una cosa che mi è successa è che a seconda dei vestiti che indossavo, mi sentivo in un modo o nell'altro.
Se indossavo abiti più "eleganti" o "cool", mi sentivo più coraggioso. Forse è successo anche a te.
In realtà, i vestiti non hanno un vero potere.
È solo psicologico e sociale. È il tuo aspetto nei vestiti che conta davvero.
E perché agiremo in un modo e in un altro in un altro? Non è troppo superficiale?
Una cosa di cui sono sicuro è che come ti vedi è ciò che influenzerà il modo in cui agisci di più.
Se ti vedi come un essere umano di valore, che può aiutare gli altri, fiducioso, determinato, con uno scopo, ecc., agirai in questo modo.
Se ti vedi come un fallimento, insicuro e indeciso, agirai in questo modo.

8. Rischia te stesso

È importante agire con decisione in situazioni "a rischio apparente".
Ma agire ad un livello molto più profondo, che in realtà se comporta qualche rischio, è già qualcos'altro.
In effetti, tutte le persone che raggiungono livelli elevati o sono considerati di solito corrono rischi.

Un calciatore ha rischiato contemporaneamente perché ha deciso di allenarsi duramente piuttosto che studiare "e giocare in sicurezza".
Un uomo d'affari influente non cercava un lavoro che gli avrebbe dato sicurezza.
Una persona, come Nelson Mandela, che fa un cambiamento significativo rischia anni di prigione.
Alcuni esempi sono: bere alcolici perché "è normale", vestirsi alla moda anche se non ti piace, guardare il calcio perché altri lo vedono, non iscriversi alle lezioni di pittura perché i tuoi amici non lo fanno.

9. Rompere con le convenzioni

Questo da solo probabilmente ti farà risaltare, anche se, ripeto, non farlo per gli altri.
Questo è uno degli elementi più spiacevoli e poco attraenti che puoi avere.
Cioè, facendo quello che fanno gli altri, seguendo gli altri senza pensare, accettando regole che ci fanno davvero del male, facendo quello che fanno gli altri anche se vuoi fare qualcos'altro.
Ma non devi agire su queste scale.
Puoi anche viaggiare, intraprendere, realizzare i tuoi sogni.
Non so di chi sia, anche se di recente ho sentito una frase che diceva: "ricorda che la nascita è stata accettata ai suoi tempi". Questo è un esempio estremo, anche se questi sono i migliori da capire.

10. Fai cose che gli altri non fanno

Se stai cercando risultati diversi, non fare sempre la stessa cosa.
Una vera dimostrazione di carattere e che non sei influenzato dagli altri è fare cose che gli altri non fanno.
E non solo per partecipare, uscire e parlare in pubblico, aiutare qualcuno, ecc.
Ma condurre una vita che gli altri troveranno strana, ma che avrà un impatto molto positivo sulla tua vita.
Sì, questo non significa che sarai il tipico scienziato pazzo (che se ti senti in questo modo davanti a me).
Puoi avere una grande personalità, essere socievole e avere successo facendo cose che gli altri non farebbero mai e probabilmente non lo faranno mai.
Esempi: viaggiare da soli, avere orari completamente diversi, mangiare cibi diversi, iscriversi a uno strano corso che attira la tua attenzione, non lavorare quando lo fanno gli altri, lavorare quando gli altri no.

Capitolo 10
FASCINO E ATTRAZIONE

Per meglio comprendere i segnali di attrazione e fascino della nostra epoca, sarebbe interessante, potendo, guardare al contesto storico dal quale provengono.
Nonostante abitassero nelle caverne, i nostri progenitori probabilmente avevano un linguaggio del corpo simile al nostro.
In questo capitolo vedremo i messaggi che cerchiamo di inviare con il nostro corpo ai nostri potenziali compagni, e quali di questi sono considerati seducenti.
Vi siete mai chiesti come potreste sembrare più attraenti? Ricordate che il fascino non è solo una questione di aspetto.
Gli individui attraenti hanno certamente un loro fascino di base.
Spesso siamo attratti fisicamente da qualcuno, tuttavia, più spesso, siamo attratti dalla loro sicurezza, dal loro entusiasmo, dalla loro personalità.
Il fascino va ben oltre la bellezza.
L'attrazione non è solo il materiale desiderio di trovare un complice sentimentale, e generalmente ci si trova ad essere attratti da uno specifico tipo di persona o situazione.

Ad esempio:
- Siamo attratti da uno specifico tipo di gruppo di persone
- Siamo attratti da persone che la pensano in un certo modo
- Siamo attratti da certi locali, magari per l'atmosfera, il menu, il contesto

Per capire cosa entusiasma le persone, è essenziale analizzare più a fondo il concetto di attrazione; se volete che le persone sentano bisogno di voi, se desiderate apparire seducenti, se volete attrarre altre persone, è tempo di imparare di più sulla legge di attrazione.
La Legge di Attrazione

Occorre ridefinire il concetto di fascino.
Il fascino è legato alla vostra accessibilità e alla vostra capacità di attrarre a voi le persone e i loro pensieri.
Parliamo di fascino quando proviamo curiosità, interesse o addirittura sentiamo l'impulso di avvicinarsi ad una persona o ad un oggetto.
Sentiamo la necessità di interagire maggiormente.
Provare fascino ci fa sentire vivi e connessi agli altri.
Ebbene, come possiamo attrarre maggiormente le altre persone? Vediamo alcuni spunti.

Smettiamola di Essere Noiosi

La nostra mente assomiglia ad un bambino affamato: è perennemente avida e desiderosa di sfamarsi con qualcosa di interessante.
Essere "figo" non è assolutamente sufficiente. John Medina, scrittore di massimo livello sul New York Times, formatore e scienziato subatomico, afferma che la mente ha una limitata capacità di concentrazione.
I nostri pensieri vengono attratti soprattutto da ciò che è affascinante, intrigante, e da ciò che ci connette con persone e cose nuove.
Quindi, se siete piacevoli, coinvolgenti e comunicativi avrete successo nelle relazioni.
Ho incontrato tantissime persone in occasione di meeting, riunioni, addirittura convegni di amministratori di sistemi, e non ho mai trovato persone noiose.
A volte ci si comporta in modo noioso per la paura di essere visti come strani, bizzarri, particolari.
Ci esprimiamo tramite contenuti stantii, frasi come: "Di che ti occupi?", "Da dove vieni?".
Non condividiamo davvero noi stessi, ci nascondiamo o, peggio, ci adattiamo.
Beh, alla gente non piace chi si adatta al contesto; lo giudicano sgradevole e noioso.
La psicologia ci insegna che ci sono stratagemmi tramite i quali possiamo combattere il noioso, migliorare la nostra capacità di affascinare e renderci progressivamente più incisivi. Come facciamo?

Hai Trenta Secondi, Agisci!

Cercate sempre di non permettere a nessuno di inquadrarvi in modo certo e univoco.
Le persone generalmente tenderanno a giudicarvi nel momento in cui entrate nella stanza.
Se vogliamo esaminare la cosa in modo scientifico, l'eventuale fascino si manifesta nei primi trenta secondi.
Anche se non vogliamo darlo a vedere, il nostro cervelletto sceglie immediatamente se essere attratti o meno da qualcuno. Diverse ricerche hanno dimostrato che è proprio nei primi trenta secondi che decidiamo se siamo attratti o meno da una persona.
Helen Fisher, antropologa della Rutger University, ha osservato molte coppie innamorate e ha rilevato che il corpo umano decide quasi istantaneamente se provare attrazione o meno.
Noi possiamo anche non rendercene conto, ma la nostra mente prende decisioni imprevedibili, precise e definitive, nei primissimi momenti del primo incontro con qualcuno. Nell'universo degli incontri casuali, i fatti hanno dimostrato che, sì, successivamente abbiamo qualche possibilità di migliorare la prima impressione che diamo, ma non molte. Interessante da questo punto di vista lo studio di Nalini Ambady, ricercatrice della Tufts University. La dottoressa Ambady intendeva provare l'esattezza delle prime impressioni.
Ciò che ha fatto è stato registrare video di aspiranti educatori, mostrandone poi spezzoni di trenta secondi ai suoi colleghi.

Ha chiesto ai membri del gruppo di valutare la qualità degli educatori, e successivamente ha confrontato le opinioni con il curriculum effettivo degli educatori; ebbene, le valutazioni del gruppo, basate su un video di trenta secondi, rispecchiavano con esattezza il livello di esperienza e la caratura degli educatori esaminati.

Successivamente ha fatto lo stesso esperimento con spezzoni da quindici secondi, e infine addirittura da sei secondi: ebbene, i membri del gruppo hanno una volta ancora azzeccato il giudizio.

Insomma, abbiamo sei secondi per fare buona impressione; sapremo usarli al meglio?

COSA CI ATTRAE?

Cosa ci attrae maggiormente? Gli occhi? La simpatia? Le gambe? Le ricerche dimostrano che la caratteristica più attraente di un individuo è la sua accessibilità; ciò nonostante, questo concetto è molto trascurato, e non ci si lavora mai abbastanza.

Durante un appuntamento, è un fatto di accessibilità fisica; ci si chiede: "questa persona vorrà fare coppia con me?" Tra amici e coppie di lunga data, è un fatto di accessibilità interiore: "questa persona si confiderà con me?" Sul lavoro, è un fatto di accessibilità utilitaristica: "questa persona farà un buon lavoro per me?"

Il modo migliore per dimostrare accessibilità, che si tratti di un incontro di lavoro, di una festa, di una conferenza o di un appuntamento, è quello di mostrarsi aperti.

Far capire agli altri che siete intenzionati ad interagire, a parlare e magari ad iniziare un rapporto.

Una volta durante un evento una signora mi ha detto: "Secondo lei si può dire che io non sia disponibile a interagire? Insomma, non sarei qui no?"

Fate questa prova: al prossimo meeting o evento a cui partecipate, spiegate alle singole persone come mai siete lì e cosa cercate.

Provate a dire: "Ero ansioso di incontrarvi perché ritengo che questa occasione possa portarmi a fare conoscenze davvero interessanti".

Oppure: "Mi piace molto questo convegno, sono qui per fare affari e sto distribuendo i miei biglietti da visita.

Posso lasciartene uno?"

Spesso crediamo di essere automaticamente accessibili, ma in realtà non siamo così brillanti come vorremmo.

Se proviamo a esternare la nostra accessibilità, rimarremo meravigliati e piacevolmente sorpresi da quanto, di conseguenza, le persone diventeranno interessate e aperte.

IL GIUSTO LINGUAGGIO DEL CORPO RENDE ATTRAENTI

Se sentite la necessità di rendervi sempre più attraenti, non occorre modificare il proprio aspetto; occorre invece modificare il proprio linguaggio del corpo.
Un linguaggio del corpo che comunica apertura è infinitamente più attrattivo di qualsiasi vestito, pettinatura o lineamento; tenete comunque sempre presente che linguaggio del corpo maschile e femminile sono diversi.
Dimostrarvi aperti e disponibili tramite il linguaggio del corpo vi renderà automaticamente anche maggiormente attraenti.
Consideriamo il torso del nostro corpo; ricerche sul linguaggio del corpo hanno dimostrato che il torace è la parte che più efficacemente comunica la nostra apertura al mondo e, di conseguenza, il nostro essere accessibili.
Incrociare le braccia, tenere un bicchiere di vino davanti allo stomaco, consultare un cellulare stretto al petto, abbracciare una borsetta, sono tutti modi in cui ci chiudiamo e comunichiamo inaccessibilità con il nostro corpo.
È dimostrato che se il linguaggio del corpo comunica chiusura, allora anche la mostra mente è chiusa, ostile, inaccessibile. Non siamo in vena di interazioni.
Parliamo delle mani: a tutti piace vedere le mani delle persone. È statisticamente provato che se una persona ci nasconde le mai, avremo più difficoltà a confidarci, ad aprirci.
Nel momento in cui si mettono le mani in tasca, le si infila sotto al tavolo o le si nasconde dietro a un cappotto, ecco che perdiamo fascino e, immediatamente, le persone ci recepiscono come chiuso, indisponibile.
Ho osservato ad un convegno di lavoro una situazione tipica e molto rappresentativa di quanto sto affermando, ossia del fatto che linguaggio del corpo e disponibilità vadano a braccetto. Ebbene, un uomo e una donna stavano chiacchierando; inizialmente, lei teneva la borsetta stretta a sé, e lui teneva un bicchiere di vino di fronte al petto.
Ad un certo punto, deve aver fatto una battuta, perché entrambi sono scoppiati a ridere; era evidente che si stavano sinceramente divertendo e hanno iniziato a rilassarsi e ad aprirsi.
Lei ha buttato la borsetta dietro lo schienale della sedia e ha assunto un atteggiamento più aperto; un attimo dopo lui ha appoggiato il bicchiere sul tavolo e ha preso un biglietto da visita dalla tasca della giacca, e la conversazione è andata avanti per tutta la sera.
Anche il collo ha grande importanza; scoprire il collo può aggiungere una decisa nota sensuale al vostro approccio. Pensate solo a Marilyn che ridacchia, buttando indietro la testa; ho reso l'idea? Dal punto di vista del linguaggio del corpo, un collo scoperto o addirittura accarezzato non solo si può considerare erotico, ma scarica anche allettanti feromoni.

Ora, siamo sinceri con noi stessi: quanto spesso durante un evento tenete le braccia incrociate, o controllate il cellulare con atteggiamento ansioso? Questo tipo di comportamenti ci rende distaccati, inaccessibili... in una parola: brutti.
Alla prossima occasione, fate uno sforzo, e sfidate voi stessi a lasciare il telefono nella giacca, a tirare fuori le mani di tasca e a lasciare la braccia abbassate.

SEI ATTRAENTE PER QUALCUNO? SEGNALI PER SCOPRIRLO

Il linguaggio del corpo influisce in modo decisivo sul vostro fascino, e diventa decisivo se parliamo di ammirazione, appuntamenti, o addirittura sentimenti.
Vi potrebbe capitare di porvi questo tipo di domande, e non siete i primi a porsele.
- Gli/le piaccio?
- È attratto/a da me?
- Come mai non chiama?

Il linguaggio del corpo è in grado di dare una risposta ai vostri dubbi.
Per comprendere i più decisivi segnali non verbali di attrazione, è bene rendersi conto del fatto che la situazione nei millenni non è cambiata più di tanto.
I nostri predecessori dell'età della pietra utilizzavano un linguaggio del corpo molto simile al nostro e, indefinitiva, trasmettevano messaggi equivalenti.
Ecco cosa dice il nostro corpo e chi ci circonda nei momenti in cui siamo visti come attraenti.
- Sono aperto
- Non sono pericoloso
- Sono incuriosito
- Sono accondiscendente
- Sono nel fiore degli anni

Bisogna che il vostro linguaggio non verbale mandi due segnali accattivanti: accessibilità e prontezza.
L'accessibilità perché sia uomini che donne trovano più affascinanti individui il cui corpo trasmette accessibilità. Questo significa sorridere, gambe e braccia non incrociate, sguardo dritto, non diretto alle scarpe o al cellulare.

L'essere nel fiore degli anni perché, da un punto di vista dell'età, le persone sono calibrate su un linguaggio del corpo che indica fecondità e giovinezza; queste caratteristiche fortunatamente possono essere accentuate o addirittura simulate tramite il linguaggio del corpo.
Per un uomo si potrebbe trattare, ad esempio, di assumere una posizione eretta, con i piedi ben piantati, più larghi delle spalle, e le mani bene in vista.

Per una donna potrebbe essere efficace tenere i capelli sciolti, la testa leggermente inclinata per emettere feromoni, le mani e gli avambracci posizionati in modo studiato, per rivelare la delicata pelle dei polsi; sono richiami irresistibili per un uomo.

Tutti questi segnali possono indicare che la persona che abbiamo davanti è attratta da noi.

Altri comuni segni di attrazione possono comprendere i seguenti:
- Appoggiarsi a noi
- Inclinare la testa parlandoci, segnalando interesse
- Sorridere
- Fissarci
- Avvicinarsi e stabilire un contatto fisico con braccia, mani, schiena, gambe

Tenete presente in ogni caso che non siamo tutti uguali, e ci potrebbero essere differenze significative da persona a persona, sicuramente da maschi a femmine.

Per esempio, alcuni segnali che potrebbero indicare che una signora è interessata a noi sono:
- Ha scoperto il collo, liberando feromoni
- Ha inclinato la mascella verso il basso e guarda verso l'alto in modo intrigante
- Si tocca i capelli, come a sottolineare il suo stare bene
- Unisce le labbra per sporgerle

I segnali corrispondenti per un uomo potrebbero essere:
- Comunicare protezione, cingendo spalle o sedile con il braccio
- Inclinarsi verso l'interlocutore
- Usare qualsiasi occasione per mettersi in contatto
- Strofinare mascella o collo, per rilasciare feromoni

SEGNALI NON VERBALI

Quando la nostra psiche sceglie, quando ci piacerebbe qualcuno come compagno, il nostro corpo si sforza di cambiare per piacere di rimando a questa persona.
Le nostre guance si arrossano, dandoci un'aria eccitata, le nostre labbra si gonfiano progressivamente, e i nostri feromoni vengono diffusi per attrarre l'altra persona.
Ci sono alcune cose che possiamo fare dal punto di vista del linguaggio del corpo che sicuramente risultano efficaci per affascinare e attirare.
Possiamo inclinarci verso la persona.
Inclinarsi è un modo non verbale per segnalare che ci si sente calamitati.
Questo metodo funziona particolarmente bene nel caso in cui vi troviate in una riunione affollata e siate interessati e uno dei partecipanti.

Se vogliamo dimostrare interesse e curiosità, inclinarsi verso di loro è un ottimo sistema; con molta probabilità attireremo a noi la loro attenzione.
Possiamo inclinare la testa.
L'inclinazione della testa mostra, a un tempo, intrigo e impegno.
Quando parlate con qualcuno, mostrategli che siete disponibili e incuriositi inclinando le testa e guardandolo fisso. Assicuratevi di non fissare altre parti del suo corpo, o addirittura guardare in giro per la stanza; questo denota distrazione e poca disponibilità.
Imparate a leggere i segnali impercettibili.
È una buona idea conoscere alcuni segnali minori che inequivocabilmente denotano attrazione; sarebbe poco saggio trascurarli.

Rossore e Vampate di Caldo

Quando siamo attratti da qualcuno, il sangue affluisce al nostro viso, facendoci arrossire e accaldare, come a replicare l'intensificarsi delle nostre emozioni e l'importanza del momento.
È una reazione ancestrale per attrarre a noi individui di sesso opposto.
Uomini e donne arrossiscono allo stesso modo.
Notate anche labbra e occhi: gli occhi diventano più bianchi e le labbra più rosse, quasi a segnalare la propria fertilità.

Il Potere della Borsa

"Il linguaggio della borsetta" è un interessantissimo tipo di comunicazione non verbale.

Il modo in cui si gestisce la propria borsa può davvero dire molto su come ci sentiamo e quali siano in quel momento i nostri sentimenti; possiamo affermare che la borsa è a tutti gli effetti un marcatore comportamentale.

Ad esempio, e una signora si sente a disagio, o comunque non attratta dal proprio interlocutore, tenderà ad afferrare la borsa e a metterla davanti a sé, quasi a coprire il proprio corpo. Quando invece si verifica attrazione, la signora non avrà bisogno di interporre nulla che possa in qualche modo interrompere il flusso comunicativo tra lei e la persona che la attrae.

Se la borsa è appoggiata con noncuranza, così da non creare barriere, di certo c'è rilassatezza e, magari, anche attrazione. Meglio ancora: se la borsa viene appoggiata sul pavimento, sulla seduta di fianco o sulla spalliera della sedia, è come se si desiderasse toglierla di mezzo per comunicare più agevolmente.

Attenzione: se vi trovate in una zona particolarmente aperta, o addirittura a rischio, la borsa facilmente viene stretta a sé per motivi di sicurezza; diversamente, al chiuso o comunque in luoghi tranquilli, si tratta di un buon indicatore.

Il Battito Cardiaco

"Mi fai battere forte il cuore" non è solo un modo di dire. Numerosi studi hanno mostrato che la vicinanza ad una persona attraente provoca accelerazione del battito cardiaco. Vediamo una interessante applicazione.

Durante un esperimento, dei ricercatori hanno accelerato artificialmente il battito di alcuno persone e le hanno poste di fronte a sconosciuti: il battito accelerato ha indotto uno stato di attrazione artificiale.

In effetti, un battito cardiaco in accelerazione rende progressivamente più attraenti le persone che abbiamo intorno. Ovviamente non sto suggerendo di aggirarvi per la città ed entrare nei bar per misurare il battito cardiaco delle persone. Se però riuscite a percepire questo fenomeno, e magari a percepire che la persona che vi sta a cuore ha il palmo della mano caldo, ammesso che la stiate tenendo, perché non azzardare un bacio?

Piaci ai loro Piedi!

Per incredibile che sia, i piedi sono una sorta di indicatore immediato dello stato d'animo di una persona.

La chiave sta semplicemente nell'osservare in quale direzione puntino.

Se i piedi puntano decisamente verso un singolo individuo, possiamo essere praticamente sicuri che c'è fascino, o addirittura attrazione.

Se al contrario i piedi di qualcuno sono puntati lontano o, peggio ancora, verso l'uscita, beh, è probabile che non si sia alcun interesse.

Vorrei sottolineare, per chiudere, che l'aspetto fisico, pur importante, non costituisce l'unico fattore da tenere in considerazione quando parliamo di fascino.

Si diventa veramente attraenti quando si riesce a trasportare le persone all'interno della nostra personalità e a contatto con le nostre caratteristiche.

Il fascino non verbale è fondamentale, ricordatelo, e cercate di utilizzare al meglio i segnali fin qui descritti per risultare sempre più attraenti nei confronti di chi vi circonda.

RELAZIONE GIUSTA?

Per sapere se la relazione in cui ti trovi attualmente è quella giusta per te, leggi i punti indicati qui di seguito.
Se nessuna di queste caratteristiche si applica alla tua relazione, dovresti cominciare a preoccuparti.

- Tu e il tuo partner vi sostenete a vicenda così come SIETE attualmente: se tu e il tuo partner vi trovate impeccabili l'un l'altro, allora si prospetta un inizio meraviglioso.

Tuttavia, se sostieni il tuo partner in qualunque cosa perché ti importa di lui/lei, puoi senza dubbio dire di avere la relazione perfetta, ma se sostieni il tuo partner solo perché non vuoi che ti infastidisca, allora hai bisogno di rivedere la tua relazione.

- Tu e il tuo partner non temete di cambiare; piuttosto vi incoraggiate a vicenda a crescere: se la tua relazione si fonda sull'amore e sulla devozione, ti fidi della crescita del tuo partner.

È nella natura umana crescere e svilupparsi costantemente. Mentre osservi la graduale evoluzione del tuo partner, ti innamori di lui/lei ancora di più e sei incuriosito da tutte le opportunità che ritieni possano farlo maturare ulteriormente.

- Entrambi avete forti amicizie al di fuori della vostra relazione: entrambi incontrate e interagite costantemente con nuove persone.

Quando il tuo partner incontra una persona interessante, dovresti essere entusiasta di conoscerla e di stringere amicizia con lei.

- Sei certo che il tuo partner agisca per il bene della vostra relazione: le decisioni vanno prese in modo coerente.

Le tue scelte dovrebbero sostenere quelle del tuo partner, in modo che la decisione finale soddisfi entrambi.
Nelle situazioni difficili, discutete francamente delle varie opzioni disponibili al fine di prendere la scelta migliore per entrambi.

- Tra te e il tuo partner dovrebbe esserci una buona chimica sessuale: organizza il tuo tempo in modo che la carriera e la vita personale non si intralcino a vicenda.

Per quanto sia importante rimanere concentrati sul proprio lavoro, bisogna sempre trovare del tempo da dedicare all'aspetto fisico della propria relazione.
Fai di tutto per ritagliarti dei momenti intimi con il tuo partner e, cosa ancora più importante, attendili con impazienza.

- Tu e il tuo partner dovete raggiungere l'intimità a livello fisico, emotivo, spirituale ed eventualmente anche ad altri livelli: col passare del tempo, entrambi vi conoscerete sempre più intimamente.

Imparerete a rispettarvi e ad approvarvi a vicenda.

Scoprirete ciò che vi piace e ciò non vi piace a livello emotivo e quali sono i problemi che desiderate risolvere, quindi vi sforzerete di farvi del bene e di aiutarvi a superare qualsiasi ostacolo.

I fattori che aiutano a capire se la propria relazione è quella "giusta" sono molti di meno di quelli che la indicano come NON giusta.

Di conseguenza, è semplice capire se è il caso di continuare o meno.

La relazione giusta è quella che si erge su fondamenta stabili per le dinamiche di coppia e che soprattutto ti fa stare bene.

Saprai che è la relazione giusta quando non sarai più in conflitto con te stesso per tutto il tempo.

Inoltre, in compagnia del tuo partner, ti sentirai straordinariamente tranquillo e sicuro di te stesso.

Il solo fatto di stare con lui/lei riaffermerà la tua identità personale e il tuo scopo nel mondo.

Se ti rendi conto di non avere la relazione perfetta, non perderti d'animo.

Questo mondo è pieno di persone fantastiche e sicuramente una di loro è quella perfetta per te.

Se la tua attuale relazione non ti sembra quella giusta, continua da solo per la tua strada e scopri cosa vuoi ottenere.

Conclusione

Quando sei pronto ad ottenere finalmente ciò che vuoi dalla vita, sei stanco di aspettare che gli altri lo facciano per te, quando smetti di essere gentile e di scoprire che la vita ti sta scivolando dalle mani senza avere alcun tipo di beneficio o qualsiasi altra cosa di cui hai bisogno per raggiungere i tuoi obiettivi, assicurati di dare un'occhiata a questa guida e di imparare come far funzionare queste conoscenze di psicologia umana per le tue esigenze!

Questo libro ti ha aiutato ad essere più consapevole di te stesso nelle relazioni con le altre persone, di qualsiasi tipo esse siano. Hai imparato a mantenere la guardia in modo da non essere facilmente manipolato.

D'altra parte, puoi usare le tecniche che hai imparato in questo libro per influenzare positivamente gli altri per il tuo bene, ma anche per il loro.

Ancora più importante, hai acquisito abilità e conoscenze per scegliere e determinare il tuo futuro prendendo le giuste decisioni.

Non è mai troppo tardi per prendere il controllo della tua vita e del tuo destino.

Ora che hai questo tipo di informazioni, puoi influenzare anche le persone intorno a te per aiutarle a prendere il controllo delle loro vite.

Non diventare vittima dei manipolatori; sii consapevole, sii coraggioso ed equilibrato.

Usa queste tecniche con saggezza, perché scoprirai che sono molto potenti e che hanno davvero una grande efficacia quando usate correttamente.

Non c'è dubbio che se userai correttamente le tecniche spiegate in questo libro otterrai praticamente tutto ciò che desideri.

Assicurati soltanto di fare le cose nell'interesse e nel bene di tutti.

Penso spesso a come possa il nostro Io cmbiare la realtà che ci troviamo a vivere, se cerchi di essere migliore, tutto attorno a te sarà migliore, non dimenticarlo.

-Alexander Höfler